上海出版资金项目
Shanghai Publishing Funds

"十三五"国家重点图书出版物出版规划项目
面向未来的交通出版工程 · 道路基础设施建设与养护系列

Nondestructive Testing of In-situ Asphalt Pavement Density
Based on Ground Penetrating Radar Technology

基于探地雷达技术的沥青路面现场密度无损检测

◎ 冷 真　王飓奇　著

同济大学出版社

图书在版编目(CIP)数据

基于探地雷达技术的沥青路面现场密度无损检测/冷真，王飕奇著. —上海：同济大学出版社，2021.11

“十三五”国家重点图书出版物出版规划项目　面向未来的交通出版工程. 道路基础设施建设与养护系列／汪光焘总主编

ISBN 978-7-5608-9978-7

Ⅰ. ①基…　Ⅱ. ①冷… ②王…　Ⅲ. ①探地雷达—应用—沥青路面—密度测定—无损检验　Ⅳ. ①U416.217

中国版本图书馆 CIP 数据核字(2021)第 223603 号

基于探地雷达技术的沥青路面现场密度无损检测

冷　真　王飕奇　著

策　　划：高晓辉
责任编辑：马继兰
责任校对：徐春莲
装帧设计：陈益平

出版发行　同济大学出版社　www.tongjipress.com.cn
（地址：上海市四平路 1239 号　邮编：200092　电话：021－65985622）
经　　销　全国各地新华书店、建筑书店、网络书店
排版制作　南京文脉图文设计制作有限公司
印　　刷　上海安枫印务有限公司
开　　本　787mm×1092mm　1/16
印　　张　9　　插页　2
字　　数　225 000
版　　次　2021 年 11 月第 1 版　　2021 年 11 月第 1 次印刷
书　　号　ISBN 978－7－5608－9978－7
定　　价　72.00 元

内 容 提 要

沥青混合料现场密度或压实度是影响沥青路面施工质量及长期性能的关键指标。本书首先简要介绍、对比了几种常用的路面无损检测技术，并着重阐述了探地雷达作为一种路面无损检测工具的工作原理及作为沥青混合料密度检测手段的理论基础。之后进一步介绍了基于电磁混合理论的沥青密度预测模型，包括理论模型推导、基于试验路数据的模型参数评估优化以及基于服役路面数据的模型预测精度验证。在沥青混合料压实过程中，诸如路表水和压路机振动等噪声源会影响探地雷达的密度预测精度。针对这些潜在影响，本书介绍了一系列基于数字信号处理的有效降噪算法用于减小或消除噪声影响。此外，为指导道路工程师合理地应用探地雷达技术进行沥青路面现场密度检测，本书也给出了相应的操作流程指南。最后，本书总结了已有相关研究成果并展望了未来研究方向。

前 言

FOREWORD

沥青混合料现场密度或压实度是影响沥青路面施工质量及长期性能的关键指标。目前,使用现场钻芯取样进行室内测试和使用核子密度仪进行现场测试仍是世界范围内最常用的沥青路面现场密度检测方法。但是,这两种方法均存在中断交通及无法提供连续、快速和大覆盖面检测数据的缺陷。同时,现场钻芯取样会破坏路面,而核子密度仪由于使用放射性材料存在操作风险。

探地雷达是一种可替代现场钻芯取样和核子密度仪的沥青路面现场密度检测技术,具有无损、快速、连续及高精度测量等优点。使用该技术时,探地雷达天线向路面结构发射高频电磁波,并接收电磁波在路面结构中由于材料电性差异产生的反射信号,最终根据接收到的反射信号的波形、振幅强度和时间变化等推断路面材料的介电性质及内部结构信息。通过建立沥青路面混合料介电常数和密度之间的数学关系模型,探地雷达可实现对沥青路面现场密度的无损检测。在沥青路面压实过程中,路表水和压路机振动作为噪声源会影响探地雷达的密度预测精度。数字信号处理方法可用于减小或消除噪声,提高信噪比,从而提高密度预测精度和可靠度。

本书基于作者在相关领域多年的研究和实践经验,介绍了利用探地雷达技术进行沥青路面现场密度无损检测的新方法。全书共分 7 章。第 1 章绪论,介绍了沥青路面密度检测的必要性和技术难点。第 2 章对几种常用的路面无损检测技术做简要的介绍和对比,并着重描述探地雷达作为一种路面无损检测工具的工作原理及其对沥青混合料密度进行检测的理论依据。第 3 章在电磁混合理论的基础上,建立沥青密度预测模型,并基于试验路数据对模型进行评估优化,借助服役路面数据对优化模型的精度进行验证。第 4、5 章分别针对路表水和压路机振动两种噪声源对探地雷达密度预测值的潜在影响,介绍了一系列数字信号降噪算法,用于去除噪声对密度预测值的影响。第 6 章给出了使用探地雷达技术进行沥青路面现场密度检测的操作流程指南。第 7 章总结了已有相关研究成果并对未来研究方向做出展望。

本书是在充分吸收国内外研究成果的基础上由香港理工大学冷真教授和王飏奇博士撰写而成，期望能为从事相关工作的工程和科研人员提供参考。本书介绍的部分研究内容得到了美国国家航空航天局、美国伊利诺伊州交通研究中心的资助及美国伊利诺伊大学厄巴纳-香槟分校 Imad L. Al-Qadi 教授的指导。作者在进行撰写过程中也得到了诸多专家和学者提供的宝贵意见和建议，在此一并表示衷心感谢！书中仍有许多不足之处，敬请各位读者批评指正。

作者

2021 年 5 月

目　录

CONTENTS

1 绪　论

获取路面性能参数信息，无论是对新建路面的质量保证(Quality Assurance，QA)还是对现有路面的状态评估均十分重要。沥青路面的性能参数主要包括体积参数、结构参数和功能参数。其中，体积参数主要包括密度、空隙率、沥青含量、级配类型、矿料间隙率等，结构参数主要包括结构层厚度、模量以及层间黏结等，功能参数主要包括路表粗糙度、抗滑性及噪声等(Von Quintus，2009)。

各国现行规范认为，沥青混合料的现场实测密度是评价沥青路面性能的重要指标。沥青混合料的密度过高或过低都可能引起沥青路面的早期病害，导致额外的养护和维修费用。在路面工程中，沥青混合料的密度和空隙率经常可以互换使用。空隙率(V_a)是指空隙在沥青混合料中所占的体积百分比，通常可以通过比较沥青混合料的毛体积密度和最大理论密度得到。沥青混合料的最大理论密度是指混合料空隙率为零时的密度。在室内试验中，沥青混合料的空隙率可以依据 AASHTO T269(2007)和 ASTM D3203(2005)计算得到，或依据类似规范计算得到。如式(1-1)所示，这类规范通过试验测得的沥青混合料的毛体积相对密度(G_{mb})和最大理论相对密度(G_{mm})来计算空隙率：

$$V_a = 100\left(\frac{G_{mm} - G_{mb}}{G_{mm}}\right) \tag{1-1}$$

式中，沥青混合料的相对密度等于其密度除以 4℃水的密度(1 g/cm^3)。因此，G_{mb} 和 G_{mm} 在数值上分别等于沥青混合料的毛体积密度和最大理论密度。在工程实践中，也常用最大理论密度的百分比来表征沥青路面的压实度。

为了保证沥青路面的长期路用性能，密级配沥青混合料的空隙率在其使用过程中应该控制在 3%～8%的范围内(Roberts et al.，1996)。过度压实的沥青混合料(V_a 小于 3%)可能导致车辙、推移和泛油等病害。反之，若其密度过小(V_a 大于 8%)会使水和空隙渗入路面中，增加水损害、氧化、松散和裂缝等病害的概率(Killingsworth，2004)。因此，沥青混合料的密度或空隙率被广泛用于评价新建路面的 QA 指数和路面结构性能，进而预估路面的使用寿命。

如图 1-1(a)、(b)所示，实验室对现场芯样测量和使用核子密度仪在现场测试是目前最常用的沥青混合料现场密度评估方法。第一种方法通过在路面钻芯取样，直接检测沥青材料层的厚度和体积特性，具有高精度的优点。但该方法会破坏被检测的路面，且较为耗时、仅提供有限位置的路面密度信息。第二种方法虽然无须破坏路面且检测精度尚可，但同样存在检测可覆盖面小的缺陷。而且由于核子密度仪使用了放射性材料，对操作人员的健康存在风险，只有经过专业培训且获得相关资质的人员才能操作该设备。

如图 1-1(c)所示，无核电磁密度仪(electromagnetic density gauge)是一种相对较新的沥青混合料现场密度检测设备。由于此类设备采用电磁波来检测现场密度，因此

(a) 钻芯取样　　(b) 核子密度仪　　(c) 无核电磁密度仪

图 1-1　沥青混合料现场密度检测方法

可以规避核子密度仪的放射物安全风险(Romero, 2002)。然而,与传统检测技术一样,此类无核电磁密度仪也不能提供高覆盖率的测量结果。而且,其可靠性及准确性仍有待考证。

鉴于现有现场密度检测技术的局限性,在工程实践中迫切需要一种可以提供快速、无损、连续及大覆盖面的新型检测技术。

探地雷达(Ground Penetrating Radar, GPR)是一种基于电磁波的技术。与其他无损检测技术相比,该技术具有覆盖范围广、检测速度快等显著优点。此外,依据电磁波的混合理论,由探地雷达测得的沥青混合料介电常数与其体积特性之间存在物理关系。因此,若能建立一种有效的沥青混合料的介电常数和其密度之间的关系模型,则利用探地雷达对沥青混合料的密度进行连续、快速地检测就具有了可行性。本书将介绍基于探地雷达技术进行沥青路面密度无损检测的基本理论及最新研究成果。

2 沥青路面无损检测技术及探地雷达(GPR)原理

探地雷达(GPR)是众多路面无损检测工具的一种。每种无损检测工具均有其特定的检测目的,同时也有其自身的优点和局限性。探地雷达应用的基础是电磁波理论,即:通过检测路面材料在电磁波作用下的响应,提取与电磁特性相关的路面特性。

本章总结路面最常用的无损检测技术,重点介绍沥青路面的应用。同时将介绍探地雷达在沥青路面密度检测应用中相比与其他技术的优势。其次,介绍与探地雷达检测相关的电磁理论。最后,归纳总结探地雷达在路面工程中的应用,包括用于检测沥青混合料的现场密度。

2.1 沥青路面无损检测技术

路面质量的检测技术应根据检测目的进行选择。总体而言,现有的检测技术可分为有损检测技术和无损检测技术两类。有损检测技术通常需要对路面钻孔或者开挖,随后对芯样或试样进行室内试验。尽管这种方法可以获得准确的检测结果,但其缺陷也十分明显,例如对路面结构造成损害,无法提供实时检测及阻碍交通等。因此,无损检测是一种更优的现场路面状况检测方案。其优势主要体现在不损坏路面、快速检测、不中断交通以及可定量评估路面状态等。

本节总结了路面最常用的无损检测技术,重点介绍沥青路面的应用。根据工作原理,这些技术将分为以下 4 类技术:基于路面弯沉变形的无损检测技术、应力波检测技术、电磁技术以及其他无损检测技术。

2.1.1 基于路面弯沉变形的无损检测技术

基于路面弯沉变形的无损检测技术主要是通过检测路面在已知静态、振动或脉冲荷载下的路表弯沉来反算路面模量。

1. 静态荷载弯沉仪

静态荷载弯沉仪,如最常见的贝克曼梁(Benkelman Beam),是最早的路面无损检测设备之一。如图 2-1 所示,贝克曼梁可以用来测试路面在静态或缓慢增加的荷载作

图 2-1 贝克曼梁测路面回弹弯沉

用下的最大弯沉。通常使用总荷载为 80 kN(18 kip)、胎压为 480～550 kPa(70～80 psi)的单轴双轮荷载进行加载。该检测方法的优点是易于使用,设备费用低;缺点是测试速度慢,且无法提供弯沉盆。此外,静态或准静态的荷载并不能准确地反映移动车轮荷载对路面的影响。

2. 稳态动荷载弯沉仪

稳态动荷载弯沉仪通过动力发生器对路面施加一个静态的预荷载和一个正弦的振动,如图 2-2 所示。相比于静态荷载弯沉仪,稳态动荷载弯沉仪的优势在于可通过检波器(传感器)测定不同位置的弯沉,进而得到弯沉盆。然而,该技术的缺陷在于多数情况下静态预荷载要大于动荷载。所以预荷载可能会对某些应力敏感路面材料的应力状态和劲度模量产生影响。此外,动荷载的频率会影响弯沉值,在使用该技术过程中很难选择与实际车辆荷载完全相符的频率。

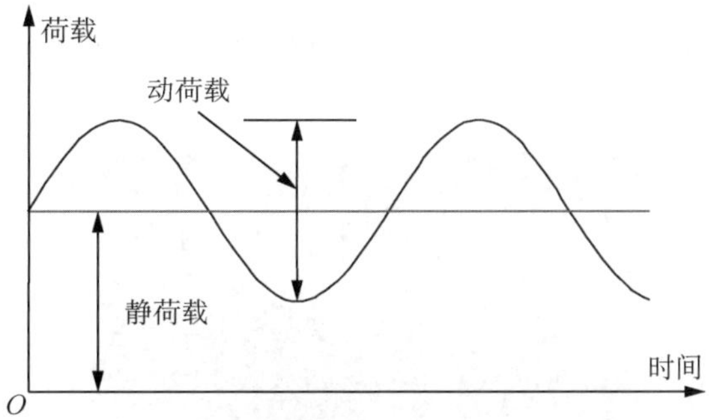

图 2-2 稳态动荷载发生器典型荷载输出

3. 脉冲荷载弯沉仪

目前,路面评价最常用的弯沉仪是脉冲荷载落锤式弯沉仪(Falling Weight Deflectometer, FWD)。FWD 由一个重锤和几个速度传感器组成,可被安装在汽车或者拖车上。如图 2-3 所示,FWD 可模拟移动车辆对路面的脉冲荷载。借助地震波传感器检测到的竖向变形(弯沉),FWD 可检测荷载作用下路面的响应及对应弯沉盆。通过将 FWD 测得的数据与路面层厚相结合,可反算得到路面结构的弹性模量,进而确定路面结构的承载力,估计预期寿命,并计算预期设计寿命内路面的加铺层要求。与稳态荷载弯沉仪相比,脉冲荷载弯沉仪的优点是脉冲荷载弯沉仪测试耗时更短,冲击荷载可变且能够更准确地模拟交通的瞬时荷载。

在对机场路面进行评估时,采用重型落锤式弯沉仪(Heavy Weight Deflectometer, HWD)来模拟飞机荷载对路面的作用。HWD 与 FWD 的检测及数据处理步骤相同,但 HWD 可施加更大的冲击荷载。HWD 和 FWD 的荷载范围分别为 30～240 kN(6.7～54.0 kip)及 7～150 kN(1.6～33.7 kip)。轻型落锤式弯沉仪(Light Weight Deflectometer, LWD)(图 2-4)是 FWD 的便携改进版本,主要用于检测散粒体路面材

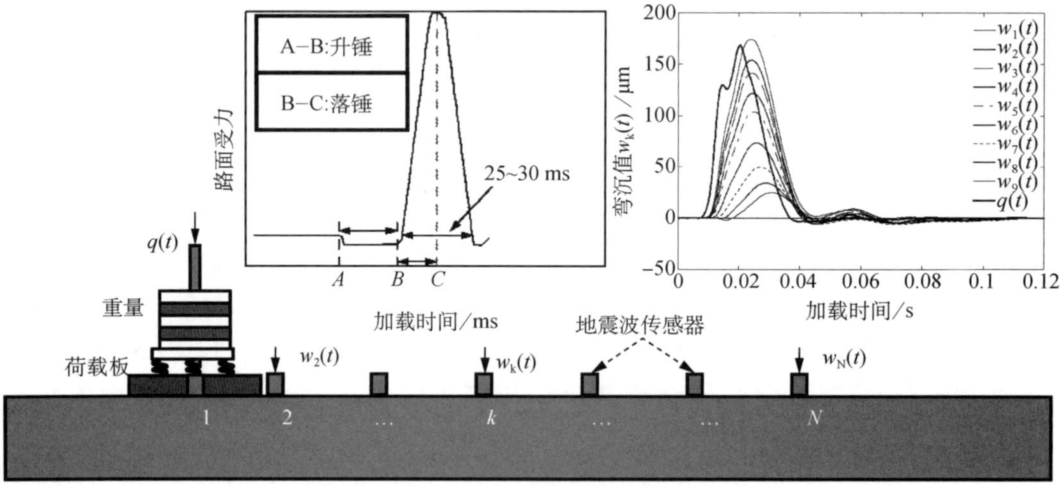

图 2-3 FWD 试验设置及荷载和弯沉数据(Guzina and Osburn, 2002)

图 2-4 轻型落锤式弯沉仪

料。相比于 FWD,LWD 的冲击锤质量轻(小于 20 kg 或 44 lbs)且由人工操作,因此其影响深度较浅,适用于评估单层结构物。

4. 连续荷载弯沉仪

上述弯沉仪有个共同的局限性:只能采集离散位置的数据。为加快数据采集以及提高数据覆盖面积,科研人员研发了可连续采集数据的弯沉仪。例如,滚轮弯沉仪(Rolling Wheel Deflectometer, RWD),一种可以连续检测半挂拖车行驶轮载作用下路面弯沉的设备,如图 2-5 所示。RWD 拖车由 Applied Research Associates, Inc. 设计并制造。该拖车通过一个 177 N(18 kip)的单轴对路面施加荷载。通过安装在拖车下的一系列激光传感器来获得路面的连续弯沉数据。利用连续弯沉仪,路政部门能够在道路行车速度下测得路面的弯沉数据,无须承担由于封闭车道而带来的损失及安全风险。RWD 可与现有的弯沉检测技术如 FWD 结合使用。路政部门可以首先利用 RWD 非常高效地确定有潜在问题的路段,再利用 FWD 对这些路段进行更详细的测试分析(Van, 2008)。另一种连续荷载弯沉仪是在美国得克萨斯州开发的滚轮动态弯沉仪(Rolling Dynamic Deflectometer, RDD)(Bay and Stokoe, 1998)。RDD 通过特制的荷载滚轮对路面施加正弦荷载,并通过特别设计的滚动传感器测得对应的路面弯沉。该传感器可以使由路面不平产生的噪声降到最小。但是,RDD 系统的最大测速约为 2.4 km/h(1.5 mph)。

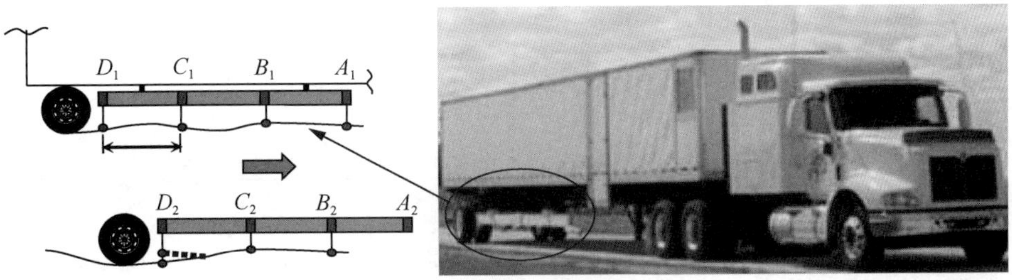

图 2-5 滚轮动态弯沉仪

2.1.2 应力波检测技术

应力波检测技术是另外一种常用于路面结构状态评估的无损检测技术。应力波是指由应力扰动产生的在弹性或黏弹性材料内传播的机械波。路面的特性,如层厚、刚度、层间黏结、内部病害等均可由路面对应力扰动的响应来确定。

应力波主要分为体波(body waves)和表面波(surface waves)两类。其中,体波可根据质点运动方向进一步分为纵波(也称作主波,Primary waves, P 波)、横波(也称作次波,Secondary waves, S 波)和拉姆波(Lamb waves)。P 波的质点运动方向平行于传播方向;S 波的质点运动方向垂直于传播方向。拉姆波则是一种复杂的波,其质点运动方向由平面法线和波传播的方向来确定(Achenbach, 1984)。瑞利波(Rayleigh waves)是表面波的一种,其质点沿着椭圆轨迹运动。

本节将介绍三种常用于路面无损评价的应力波检测技术。这三种技术分别为冲击回波法或脉冲回波法、超声波脉冲速度法(Ultrasonic Pulse Velocity, UPV)以及表面波频谱分析法(Spectral Analysis of Surface Waves, SASW)。

1. 冲击回波法或脉冲回波法

如图 2-6 所示,冲击回波法或脉冲回波法通过在路表面形成冲击波或者脉冲波来产生应力波。由于路面结构层的不均匀性,如层间连接面、空隙及裂缝,因此产生的反射信号会在测试位置被记录下来，从中提取相关信息，通过对反射波的时域数据进行傅立叶变换便可得到体波频谱，应用频率峰值计算信号到接收器的距离。对单层结构，层厚 d 可由式(2-1)计算(Hill et al., 2000)：

$$d=\beta\frac{v_p}{f} \tag{2-1}$$

式中 v_p——P 波的速度；

f——谐振频率；

β——校正系数。Gibson 和 Popovics (2005) 对 β 值的理论依据做了详细的阐释。

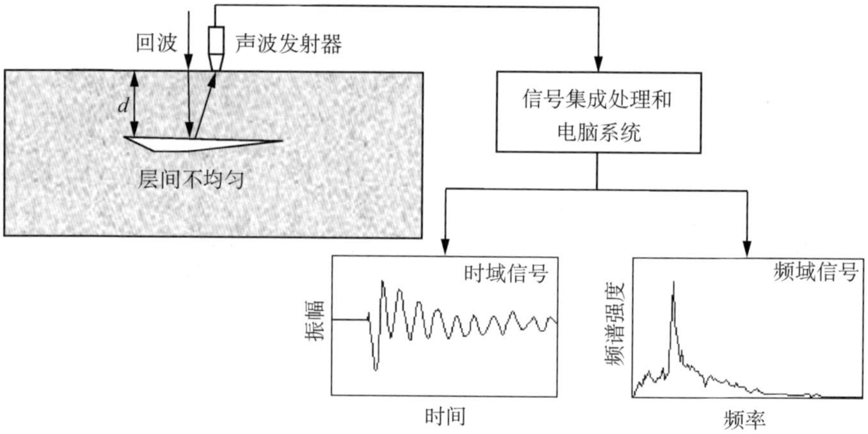

图 2-6　冲击回波试验图示

2. *超声波脉冲速度法*

超声波脉冲速度法在混凝土质量评估方面已有 60 多年的成功经验。最新的研究表明，UPV 技术可用于准确获取沥青混合料的动态模量(Pellinen and Witczak, 2002; Jiang et al., 2006)。如图 2-7(a)所示，UPV 测试装置由一个发射器和一个接收器组成。如已知接收器和发射器之间的距离为 L，计时器记录脉冲的传播时间为 Δt，则 P 波的波速可由式(2-2)计算：

$$v_p=\frac{L}{\Delta t} \tag{2-2}$$

若材料介质的密度 ρ 及泊松比 μ 已知，则可通过式(2-3)估算材料的弹性模量 E：

$$v_p=\sqrt{\frac{E(1-\mu)}{\rho(1+\mu)(1-2\mu)}} \tag{2-3}$$

然而，以下两点原因制约了该方法在水泥混凝土和沥青混凝土路面弹性模量预测中的应用：

(1) 预测泊松比的误差不可忽略；

(2) 式(2-3)只能用于粗略评估均质材料，其有效性对于水泥混凝土、沥青混凝土等非均匀材料仍有待验证(Malhotra and Carino, 2004)。

UPV测试还可应用于水泥混凝土的均匀性检测，评价水泥混凝土的强度及监测表面向下开展的裂缝(Khazanovich et al., 2005)和沥青路面的疲劳破坏、裂缝愈合(Abo-Qudais and Suleiman, 2005; Al-Qadi and Riad, 1996)。需要注意的是，对已通车的公路路面进行现场检测时，由于只有路表可以直接接触，因此需要如图2-7(b)所示的间接检测设置。但这种设置由于接收的信号较弱，相对于直接传输技术误差更大，同时脉冲波波速需要额外确定(Luo and Bungey, 1996)。

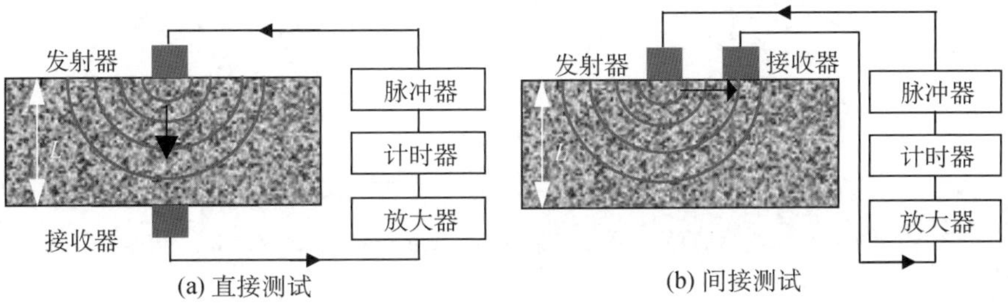

图 2-7　超声波脉冲速度法

3. *表面波频谱分析法*

表面波频谱分析法作用原理是基于表面波在层状体系中的频散(dispersion)现象(Tayabji and Lukanen, 2000)。在此现象中，路面的弹性模量可通过反算获得。用以评估相速度的基本装置如图2-8所示，典型的SASW测试装置由一个震源和至少两个接收器组成。表面波在介质的表面激发、传播并由接收器接收。由于表面波可以传播地震波2/3的能量，因此相比于P波和S波，表面波更易于探测。表面波的数据分析可以在时间域和频率域中完成。然而，在时间域下对数据进行分析要基于以下两个假设：结构层表面完整及信号源强度足够大，产生的波长全部小于上层层厚(Nazarian et al., 1999)。因此，频域分析(即SASW)比时域分析鲁棒性更强，更可靠。

在SASW技术中，可通过对两个接收器的时域信号进行傅立叶变换，获取相位频谱(即相位随频率的变化)。对每个频率，两个接收器之间的传播时间可由式(2-4)计算：

$$t(f)=\frac{\phi(f)}{360f} \tag{2-4}$$

式中　f——频率；

$t(f)$——频率 f 下的传播时间；

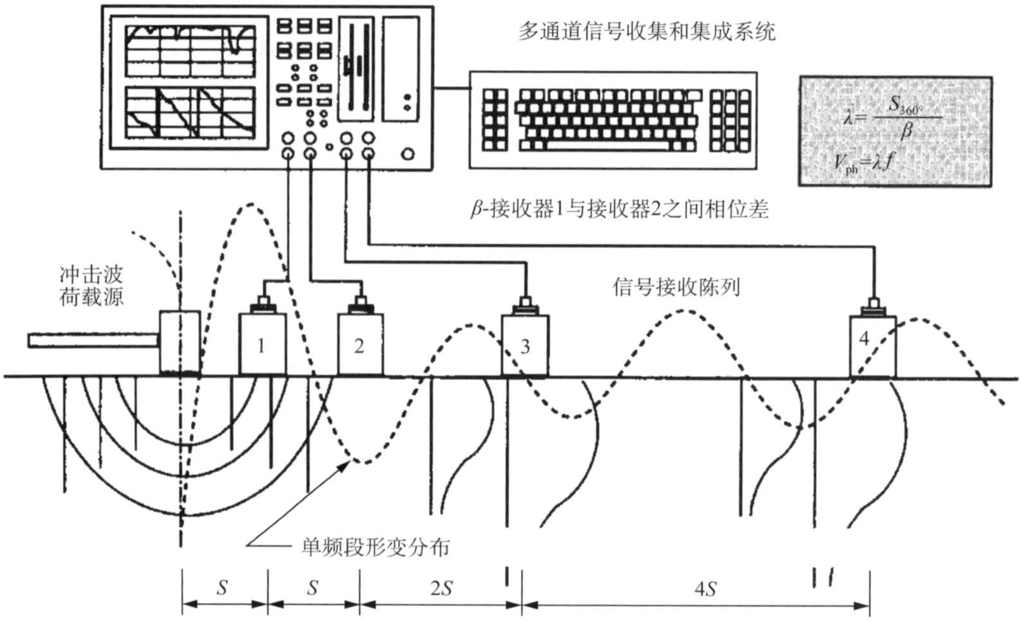

图 2-8　表面波频谱分析试验图示（Gucunski and Krstic，1996）

$\phi(f)$——由傅立叶变换得到的给定频率下两个接收器之间的相位差。

因为两个接收器之间的距离 x 已知，所以给定频率下瑞利波的速度可由式(2-5)得到：

$$v_R(f)=\frac{x}{t(f)} \tag{2-5}$$

相应的瑞利波的波长则可由式(2-6)计算：

$$\lambda_R=\frac{v_R(f)}{f} \tag{2-6}$$

通过在每种频率下重复上述计算过程[式(2-4)—式(2-6)]，可得到频散曲线，即瑞利波波速与波长的关系曲线。

瑞利波的波速 v_R、S 波的波速 v_s 以及材料的泊松比 μ 之间有如下关系(Nazarian et al.，1999)：

$$v_s=v_R(1.13-0.16\mu) \tag{2-7}$$

一旦 v_s 已知，材料的剪切模量 G 可由式(2-8)确定：

$$G=\frac{\gamma}{g}v_s^2 \tag{2-8}$$

式中，γ 和 g 分别是材料的密度和重力加速度。

最终，杨氏模量 E 可由剪切模量及泊松比经式(2-9)计算得出：

$$E = 2(1+\mu)G \tag{2-9}$$

如图 2-9 所示为两种常用的基于 SASW 技术的公路面层结构模量评估设备：地震路面分析仪(Seismic Pavement Analyzer，SPA)和便携式地震路面分析仪(Portable Seismic Pavement Analyzer，PSPA)。

(a) SPA

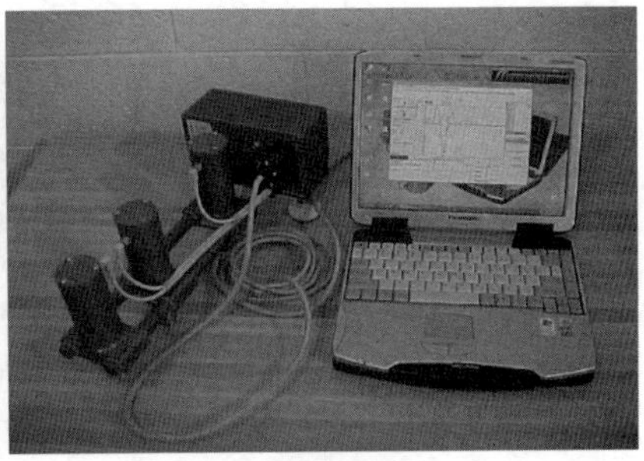

(b) PSPA

图 2-9 基于 SASW 的检测设备(Celaya and Nazarian，2008)

2.1.3 电磁技术

电磁技术是指利用电阻、电磁波、磁共振以及红外热成像等电磁方法确定路面质量的技术。探地雷达技术也属于电磁技术的一种。

1. *核子密度仪及无核电磁密度仪*

第 1 章介绍的核子密度仪和无核电磁密度仪均为基本的电磁设备。核子密度仪基于一种超高频的电磁波——γ 射线(图 2-10)的传播与接收实现检测功能。如图 2-11所示，核子密度仪通常在伸缩杆的末端放置一个小型的 γ 射线放射源(如铯-138)。射出的 γ 射线与路面材料内部的电子相互作用，经路面反射的 γ 射线被探测器记录下来。路面的密度与探测器所记录的反射波的数量相关。核子密度仪可在两种模式下操作：直射-接收模式及反射-接收模式。直射-接收模式要求搭载发射源的伸缩杆深入到在路面预先挖好的洞中。在反射-接收模式下，伸缩杆降低至与探测器水平，但仍在设备内。在这两种模式下，需要采用不同的修正系数关联 γ 射线数量与实际路面密度①。

无核电磁密度仪或电子密度仪是新研发出的用以检测压实土或沥青混合料密度的设备。此类设备通过检测选定交流电频率下材料的电阻抗来测定沥青混凝土层的密度。电阻抗是表征材料对交流电传播阻碍程度的参数。沥青混凝土层的介电常数可根

① http://training.ce.washington.edu/WSDOT/，Nov 22，2010

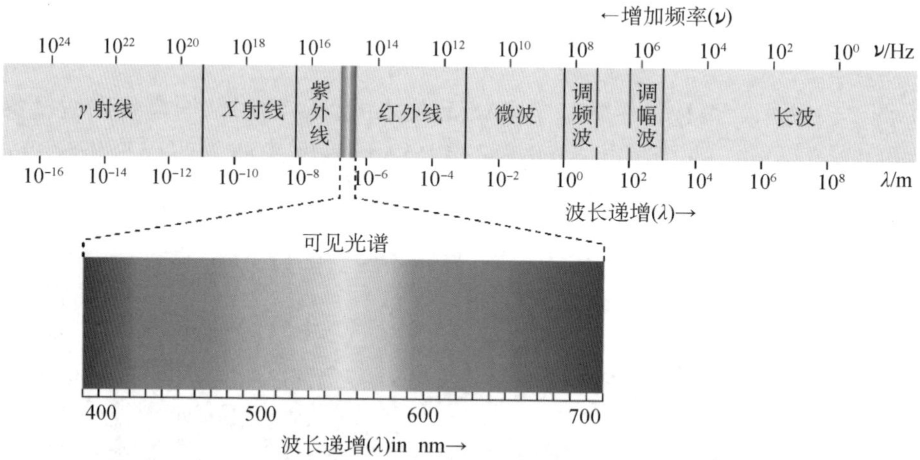

图 2-10 电磁波频谱

(图片来源：http://en.wikipedia.org/wiki/File:EM_spectrum.svg, Oct. 30, 2010)

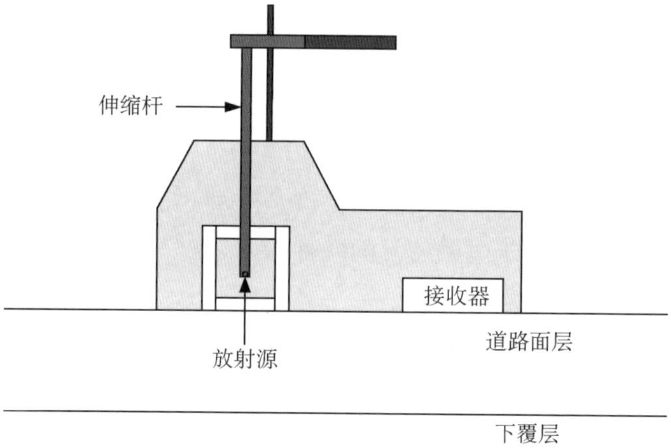

图 2-11 核子密度仪内部示意图

据电阻抗得到。介电常数是衡量材料单位体积内储存静电能的能力。材料整体(如沥青混合料)的介电常数是一个各组分体积和介电常数的函数，由此可确定由许多材料组成的混合物的相对密度。然而，无核电磁密度仪需要根据沥青混合料的类型对设备进行校准，且其精度及可靠性仍有待考证。

2. 探地雷达

探地雷达(GPR)系统可使用多种信号模式。在公路工程中主要使用脉冲系统。脉冲系统在一个移动的天线上发射短波电磁脉冲(short EM pulse)，并记录路表面及路面内部不均匀处产生的反射波。随后，可在时域下确定电磁波从发射到被目标反射接收的传播时间及反射脉冲的振幅。GPR 技术的主要优势在于可高速采集数据并可获取连续的介电常数数据。

如图 2-12 所示，GPR 系统由一组天线、一个数据采集系统、一个距离测量系统(DMI)和一辆测量车组成，GPS 可根据需求选装。GPR 系统的核心部分是天线。天线可被用于发射和接收电磁波信号。当同一个天线同时作为信号发射和接收器时，GPR 系统被称作单站系统；若一个天线用于发射信号，另一个天线用于接收信号时，该系统被称作双站系统；若单个或者多个天线用于发射，另有单个或者多个天线用于接收时，该系统被称作多站系统。

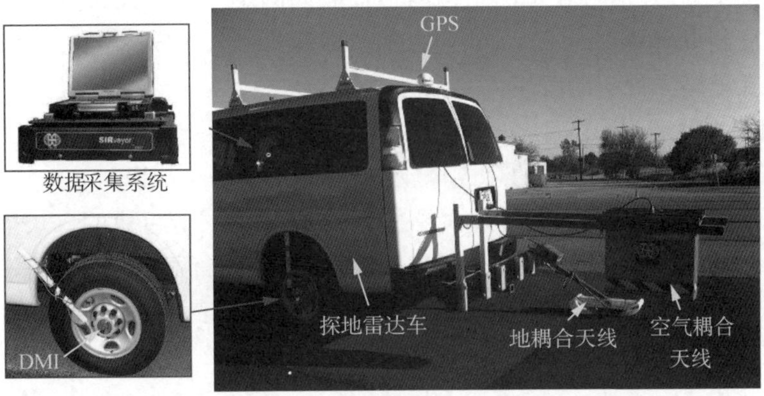

图 2-12 基于车载的探地雷达以及各组件示意图

根据雷达固定位置和方式不同，GPR 系统可分为空气耦合式和地耦合式。地耦合式天线需要紧贴地面，空气耦合式天线通常被安装在距地面高度为 150～500 mm(6～20 in)的位置，如图 2-12 所示。在实际工程应用中，较为推荐的安装方案是将 GPR 的空气耦合天线通过支架安装到汽车的前保险杠或者后保险杠上，以实现在高速行车状态下采集数据的目的。此外，相比于地耦合天线，空气耦合天线的悬挂位置较高，路表不平整度对雷达信号的影响较小，进而可实现提高路面表面反射信号信噪比的目的[图 2-13(a)]。常用的 GPR 天线的入射脉冲的波形通常为 Ricker 波形。然而，空气耦合天

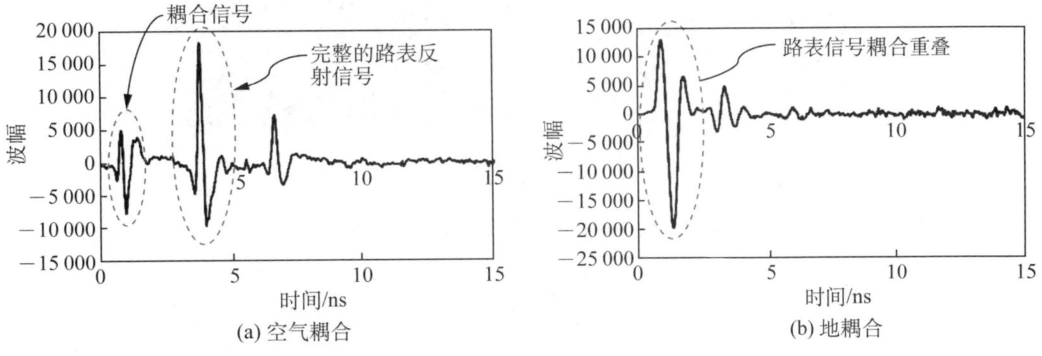

图 2-13 天线信号示意图

线发射的电磁波能量很大一部分被路面反射，致使雷达的探测深度降低；同时，汽车在高速行驶过程中由于路面平整度不够引起的汽车颠簸会使雷达天线产生剧烈的振动，影响测量值精确度。

地耦合式天线完全与地面相接触，如图 2-12 所示。相比于空气耦合式天线，其发射的电磁波更少被地面反射，因此在电磁波频率相同的情况下，其传播深度更深。然而，地耦合式 GPR 的一个缺点是检测速度很低，通常低于 8 km/h（5 mph）。其另一个缺点是 GPR 的入射波和路表反射波会在天线接收器产生信号耦合重叠[图 2-13(b)]，因此增加了确定 GPR 信号在路面结构内传播时间的难度。因此，地耦合式 GPR 不适用于路面厚度测量（Leng et al.，2009）。本章 2.2 节和 2.3 节将会详细介绍 GPR 的工作原理及其在道路工程中的应用。

3. 红外层析成像

红外层析成像由材料表面的热成像轮廓（mapping thermal contour）组成。该技术将路面中的病害或不均匀（如密度过大或过小）区域以不同颜色块的方式呈现在红外彩色图中。因此，需要检测的病害须在测试区表面产生异常温度或温度差。病害路面的红外层析图如图 2-14 所示，图中添加指示框的亮色部分表示温度较高的路面，暗色部分表示温度较低的区域。

(a) 完整路面

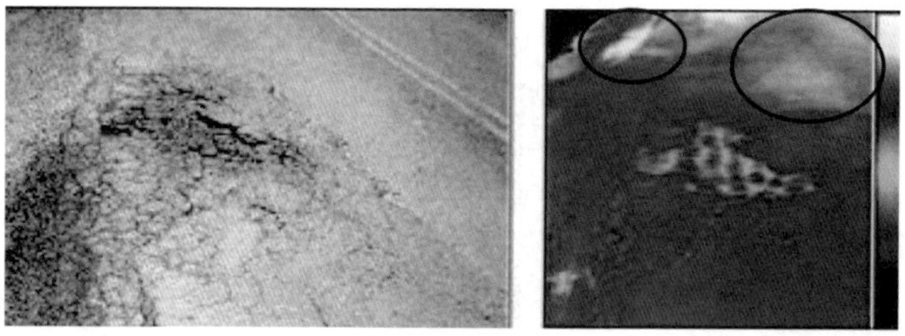

(b) 病害路面

图 2-14　自然光下和红外成像下成像图

4. 激光剖面仪

激光剖面仪可用于评价路面的平整度(一种评价行车舒适性的指标)及路面的车辙。激光剖面仪可分为接触式和非接触式。非接触式激光剖面仪主要依靠其激光感应器,相比于接触式激光剖面仪,非接触式的优势在于较高的检测速度。在对路面进行纵向检测时,高速激光设备通常以 50 mm 为间距安装在车辆前方或后方防撞梁上。图 2-15 是一套典型安装在检测车辆尾部的激光设备。在检测路面车辙时,对一条宽约 3 m(9 ft)的行车道,最少应布置 11 个激光发生器(Austroads Test Method AG: AM/T009, 2007)。推荐的配置如图 2-16 所示。

图 2-15 安装在检测车辆尾部的激光检测设备

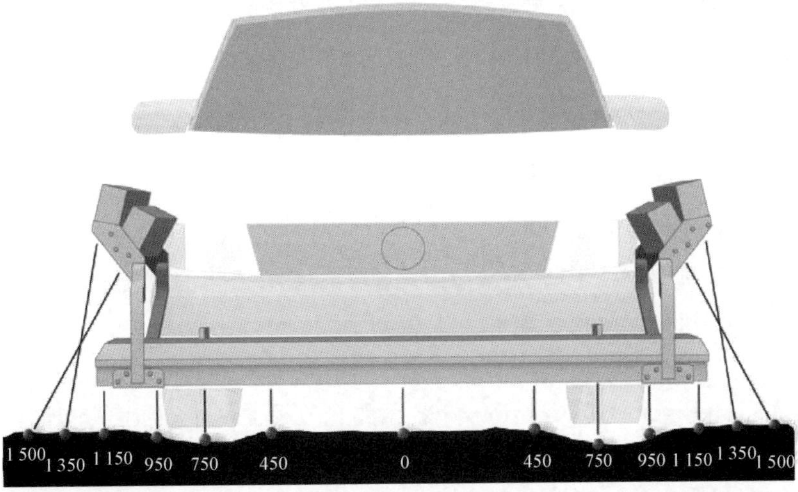

图 2-16 推荐的激光阵列排列方式(Austroads Test Method AG: AM/T009, 2007)(单位:mm)

5. 磁共振成像技术

磁共振成像技术主要用于探测路面结构内的金属部件(钢筋、水管等)。如图 2-17所示,设备中安装的线圈生成磁场,该磁场会在预先埋置在路面基层表面的金属反射器上产生感应电流。由于大多数的混凝土材料不会对磁场产生影响,该技术可有效避免由于混凝土材料组成的多样性对厚度测量产生的影响。此项技术不依靠媒介且有效测量厚度可达 508 mm(20 ft)。

此项技术在路面工程中主要用于检测路面的厚度(通过定位预先埋置的钢盘)以及定位水泥混凝土路面中的多传力杆,分别见图 2-17(b),(c)。

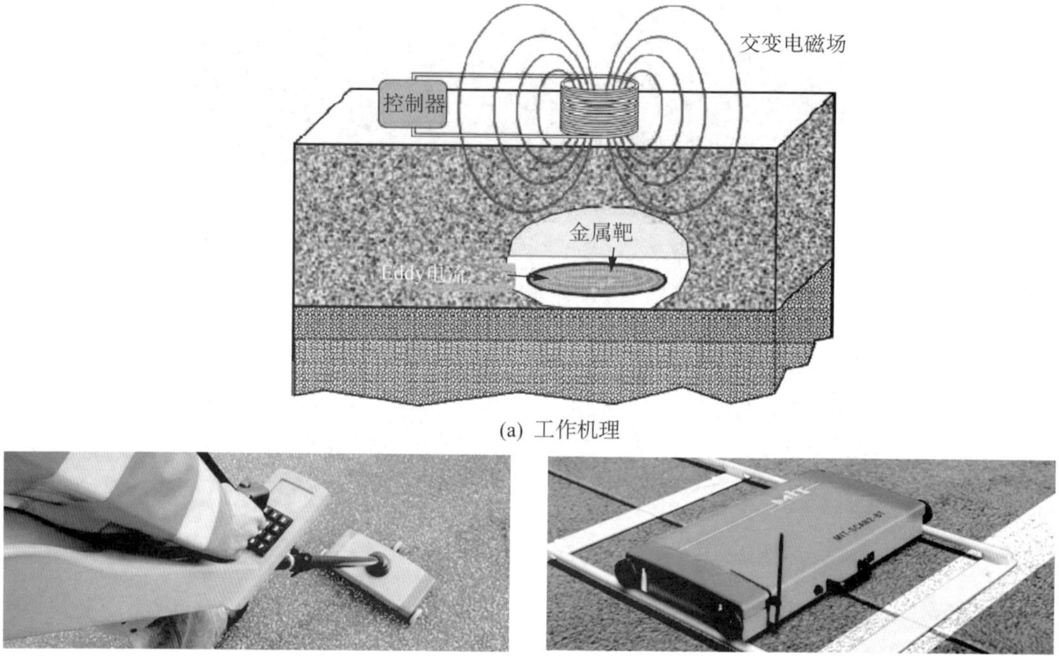

(a) 工作机理

(b) 路面层厚测量

(c) 传力杆定位

图 2-17 磁共振成像技术应用(http://www.mit—dresden.de/, Oct. 30 2010)

2.1.4 其他无损检测技术

除上述几类无损检测技术外,还有其他技术被应用到路面的无损检测中。本节将讨论基于智能压实和路面抗滑性能的无损检测手段。

1. 智能压实

智能压实(Intelligent Compaction, IC)压路机在不影响路面压实的情况下可以提供实时的路面质量监控。如图 2-18 所示,压路机装有记录及反馈控制系统,可为压路机操作人员实时处理数据。压实计(compaction meters)或加速度计装在滚筒内部或外部用以监控压实过程中的压实功、压实频率及材料反应。这些数据可作为材料压实过程的评价指标。然而,设备供应商通常不公开基于这些数据计算压实度的方法。同时,由于振动压实在某些温度区间会对沥青混合料产生不利影响,在智能压实过程中需要安装温度计检测路面材料的温度。尽管智能压实可以通过测量模量提供施工过程中的质量控制,但路面材料的模量作为一个重要的评价指标受到压实温度、荷载速率以及基层刚度的影响。因此,模量变化很难确定是由于密度增加还是压实温度降低造成的,这会造成智能压实设备在压实质量控制上的误差(Chang et al., 2010)。

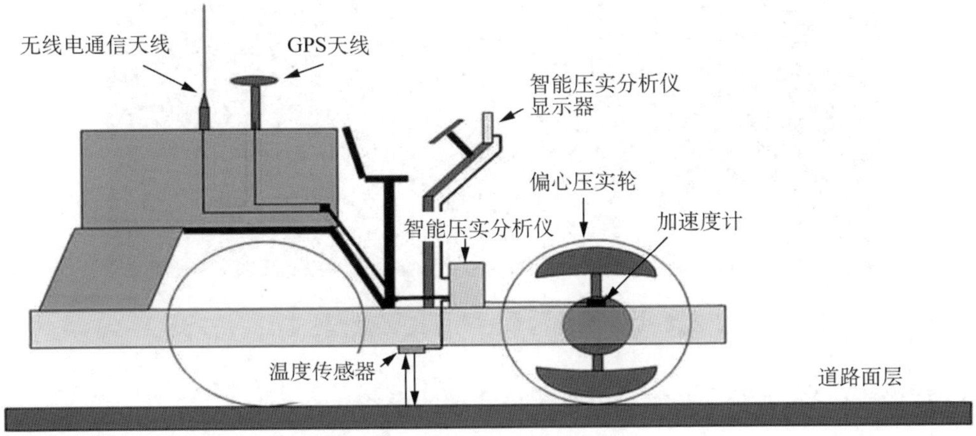

图 2-18　智能压实原理示意图(Commuri and Lemon, 2007)

2. 路面抗滑性能测试仪

路面抗滑性能是评价道路行车安全的重要指标。很多无损检测的手段已被用于检测路面的抗滑性能。不同检测设备的原理大致可以概括为:制动测试法、锁轮拖车法、横向力系数法、固定滑移率法和可变滑移率法(Loulizi, 2001)。制动测试法是指测试车辆在完全制动状态下的制动性能。制动测试法中最常见的是 Coralba 测量仪。Coralba 测量仪用以测试车辆突然制动下的制动性能。另一种制动测试法是制动距离法(ASTM E445)。锁轮拖车法(图 2-19)被美国大多数州用于测试摩擦级数(摩擦系数的 100 倍)(ASTM E274)。测试车以 64 km/h(40 mph)的速度牵引拖车,测量试验胎在该速度下在潮湿路面行驶时所受到的阻力。在横向力系数法中,试验轮与行车方向有一定偏角用以测定其受到的侧向摩擦力。横向力系数法最具有代表性的是英国 SCRIM 系统,其偏角为 20°。在美国的一些州还会用到 Mu-Meter 系统,该系统测得两个偏转轮的横向应力,其试验步骤见 ASTM E670。固定滑移率法通常用于滑移率在 10%~20%的情况下。属于固定滑移率法的设备有:FAA 摩擦测试仪、Saab 摩擦测试仪及 Grip 测试仪。可变滑移率法是将路表面和轮胎之间的滑移作为摩擦力的函数。此类设备可最大限度地获取轮胎及路面摩擦特性的数据,法国的 IMAG 和挪威的 Norsemeter

图 2-19　锁轮拖车法测量路面抗滑性能

RUNAR 及 ROAR 系统是最常见的基于该原理的设备。

2.1.5　小结

表 2-1 从检测的路面性能、是否能提供高覆盖率、结构和功能检测等方面对上述无损检测技术做了比较。在该表中，覆盖程度是指路面的面积或者长度。可以看出，探地雷达技术、红外层析成像技术及智能压实技术可用于监控沥青路面的体积特性，这三种检测手段均可实现高覆盖检测。

表 2-1　　用于路面状态评估的无损检测手段

技术类别	名称	检测内容			可否实现高覆盖
		体积	结构	功能	
弯沉检测	静态荷载弯沉仪		√		否
	稳态动荷载弯沉仪		√		否
	脉冲荷载弯沉仪		√		否
	连续荷载弯沉仪		√		是
应力波检测	冲击回波法		√		否
	超声波脉冲速度法		√		否
	表面波频谱分析法		√		否

(续表)

技术类别	名称	检测内容			可否实现高覆盖
		体积	结构	功能	
电磁技术	核子密度仪及无核电磁密度仪	√			否
	探地雷达(GPR)	√	√		是
	红外层析成像	√			是
	激光剖面仪			√	是
其他	智能压实技术	√	√		是
	路面抗滑性能测试仪			√	否

沥青混合料辐射出的热能与其密度有关,此特性可用于红外层析成像技术监测沥青混合料的密度。然而,由于红外相机收到的热能会受其他因素的影响(如环境温度、风速、气候条件等),因此该技术并不适合用于量化沥青混合料的现场密度。智能压实技术则是根据实测的路面刚度对压实功和压实频率进行调整。然而,压路机实测的路面刚度同时受到沥青混合料密度和温度、荷载速率及基层刚度的影响,基于此,此项技术也不能提供量化的密度监控数据。

GPR 测量沥青混合料密度的原理是基于混合料的介电常数与其体积特性以及各组分介电常数之间的物理关系。对于任一混合料,空隙率的改变都会导致整体混合料介电常数的改变。因此,若沥青混合料基本的体积特性及其组成成分的介电特性已知,通过合理的数学模型计算,GPR 就可以通过测定沥青混合料的介电常数来量化沥青混合料的密度。

因此,在上述的无损检测技术中,只有 GPR 可以同时提供量化、高覆盖率的沥青路面现场密度数据。此外,GPR 还可以准确测量路面的结构特性(如厚度)以及结构内部的病害(如积水和大空隙)。

2.2 GPR 的工作原理

GPR 通过发射电磁波,接收并分析不同目标内部介质反射的电磁波以实现对路面无损检测的目的。因此,GPR 是基于电磁理论的一种无损检测手段。本节将介绍与 GPR 相关的基本电磁理论。

2.2.1 电磁(波)传播

电磁波在均匀介质中的传播满足麦克斯韦(Maxwell)方程和本构关系。麦克斯韦方程和本构关系建立起磁场和电场以及媒介特性之间的联系。麦克斯韦方程由 4 个偏微分方程组成,描述了电场、磁场、电流密度及它们与时间之间的关系。这 4 个偏微分方程又分别被称作法拉第感应定律、麦克斯韦-安培定律、高斯电场定律和高斯磁场定律。

$$\nabla\times \bar{E} =-\frac{\partial \bar{B}}{\partial t} \tag{2-10}$$

$$\nabla\times \bar{H} =\bar{J} +\frac{\partial \bar{D}}{\partial t} \tag{2-11}$$

$$\nabla\cdot \bar{D} =q \tag{2-12}$$

$$\nabla\cdot \bar{B} =0 \tag{2-13}$$

式中 $\bar{E}$ ——电场强度矢量(V/m)；
$\bar{B}$ ——磁感应强度(T)；
t——时间(s)；
$\bar{H}$ ——磁场强度(A/m)；
$\bar{J}$ ——电流密度矢量(A/m^2)；
$\bar{D}$ ——电位移矢量(C/m^2)；
q——电荷密度(C/m^3)。

材料对电场的响应，由其电容率 ε、电导率 σ 和磁导率 μ 通过以下本构方程来确定：

$$\bar{J} =\sigma\bar{E} \tag{2-14}$$

$$\bar{D} =\varepsilon\bar{E} \tag{2-15}$$

$$\bar{B} =\mu\bar{H} \tag{2-16}$$

上述本构方程类似于在结构分析时采用的应力-应变本构方程。材料电磁特性 ε，σ 和 μ 的功能类似于弹性材料中弹性模量是材料的力学响应与施加的荷载或者应力之间的联系。

电导率 σ 是衡量材料通过电流的能力。电容率 ε 弹性反映了材料在电磁场作用下被极化并储存电子的能力。磁导率 μ 表征材料对磁场的敏感性(Loulizi，2001)。真空的电容率 $\varepsilon_0=8.854\times10^{-9}$ F/m，磁导率 $\mu_0=4\pi\times10^{-7}$ H/m。通常其他材料的电容率和磁导率以对相应的 ε_0 和 μ_0 的比来表示，分别被称作相对电容率(介电常数) ε_r 和相对磁导率 μ_r。

对一个无源介质及角频率为 ω 的时谐电场(假设时间以 $e^{j\omega t}$ 的形式变化)，根据麦克斯韦方程得出波的传播特性如下：

$$\alpha =\frac{\sigma}{2}\frac{\eta_0}{\sqrt{\varepsilon_r}} \tag{2-17}$$

$$\beta = \frac{\omega}{c}\sqrt{\varepsilon_r} \tag{2-18}$$

$$v = \frac{c}{\sqrt{\varepsilon_r}} \tag{2-19}$$

式中 α——传播衰减常数(Np/m)；

β——相位常数(rad/m)；

v——波的传播速度(m/s)；

η_0——自由空间的波阻抗率，$\eta_0 = \sqrt{\frac{\mu_0}{\varepsilon_0}} \approx 120\pi\Omega$；

c——光在自由空间的传播速度$\left(c = \frac{1}{\sqrt{\varepsilon_0\mu_0}} \approx 3\times 10^8\ \text{m/s}\right)$。

介电常数通常是复数，实部表示储存在介质中的能量，虚部表示由于介电效应而损失的能量。据式(2-17)可知，由于传导损失而带来的能量损失远大于介电效应，因此介电常数在普通沥青混合料中可假设为实数。值得注意的是，当沥青混合料中掺有金属的改性成分(如钢渣)时，该假设可能导致密度预测值的误差。同时，绝大多数材料的介电常数依赖于电磁波的频率。然而，当电磁波的频率大于 0.5 GHz(GPR 检测路面的工作范围)时，路面材料的介电常数不会发生明显变化。因此，ε_r在路面工程中可假设为不受电磁波频率影响、只和材料本身有关的电性参数。

2.2.2 电磁(波)散射

与机械波相似，电磁波在遇到不同介质时亦会产生散射。当 GPR 测量一个层状介质时，不同介质可能出现在两个层状均匀介质的接触面，也可能是在一个层内的不均匀区域。当遇到不同介质时，根据几何尺寸、材料的特性、场的偏振以及入射波的波长不同，电磁波会出现反射、折射、衍射等现象。

在路面这类层状介质中仅需考虑平面反射波。电磁波在反射界面会产生一个折射信号和反射信号。反射和传播系数可利用界面的边界条件确定。对于斜向入射波，根据入射场的偏振条件，反射和传播系数分 TE 波和 TM 波两种情况讨论。如图 2-20 所示，TE 波指电场极化平面方向垂直于入射面的入射波；TM 波指电场极化平面方向平行与入射面，或磁场极化平面垂直与入射面。反射和传播的系数可由式(2-20)—式(2-23)计算得出(Lahouar，2003)。

对于 TE 波偏振：

$$\gamma_{\perp} = \frac{-\eta_1\cos\theta_t + \eta_2\cos\theta_i}{\eta_1\cos\theta_t + \eta_2\cos\theta_i} \tag{2-20}$$

$$\tau_{\perp} = \frac{2\eta_2\cos\theta_i}{\eta_1\cos\theta_t + \eta_2\cos\theta_i} \tag{2-21}$$

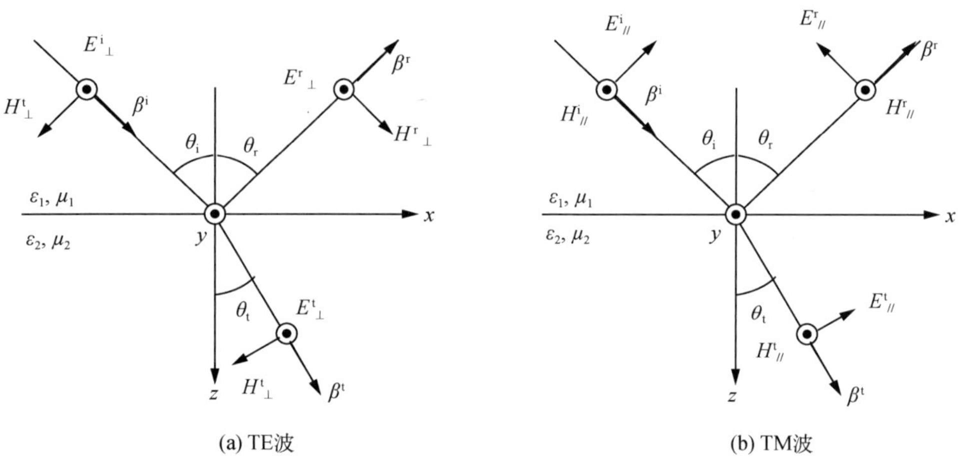

图 2-20　偏振入射情况下 TE 波和 TM 波的入射角和传播角(Lahouar, 2003)

对于 TM 波偏振：

$$\gamma_{//} = \frac{-\eta_1 \cos\theta_i + \eta_2 \cos\theta_t}{\eta_1 \cos\theta_i + \eta_2 \cos\theta_t} \tag{2-22}$$

$$\tau_{//} = \frac{2\eta_2 \cos\theta_i}{\eta_1 \cos\theta_i + \eta_2 \cos\theta_t} \tag{2-23}$$

式中　γ，τ ——反射系数和传播系数；

η_1，η_2——介质 1 和介质 2 的电磁阻抗，其可根据 $\eta_{1,2} = \sqrt{\frac{\mu_{1,2}}{\varepsilon_{1,2}}}$ 得出；

θ_i，θ_t ——入射角和传播角，其与 Snell 折射定律有关，如式(2-24)所示。

$$\sqrt{\varepsilon_1}\sin\theta_i = \sqrt{\varepsilon_2}\sin\theta_t. \tag{2-24}$$

若在法线方向入射(θ_i 和 θ_t 均为 0)，则反射和传播系数如下：

$$\gamma = \frac{\sqrt{\varepsilon_{r,1}} - \sqrt{\varepsilon_{r,2}}}{\sqrt{\varepsilon_{r,1}} + \sqrt{\varepsilon_{r,2}}} \tag{2-25}$$

$$\tau = \frac{2\sqrt{\varepsilon_{r,1}}}{\sqrt{\varepsilon_{r,1}} + \sqrt{\varepsilon_{r,2}}} \tag{2-26}$$

式中，$\varepsilon_{r,1}$ 和 $\varepsilon_{r,2}$ 分别是介质 1 和介质 2 的介电常数。

2.2.3　介电常数估算

GPR 基于材料的介电特性，通过介电常数提供获取层厚和材料状态的基本信息。目前，广泛采用的估算材料介电常数的方法是基于路表面反射波的振幅。图 2-21 是电磁波在均匀松散层状体系的反射波。根据路表电磁波反射波的振幅，路面面层的介电常数可基于式(2-27)获得(Lahouar et al., 2003)。

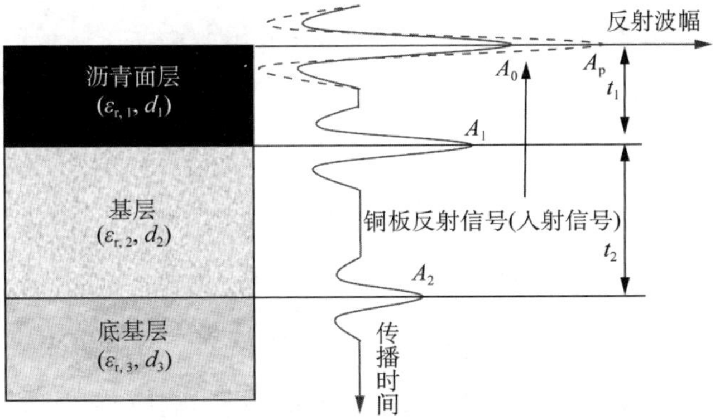

图 2-21　路面层间电磁波反射信号

$$\varepsilon_{r,1}=\left(\frac{1+\dfrac{A_0}{A_p}}{1-\dfrac{A_0}{A_p}}\right)^2 \tag{2-27}$$

式中　$\varepsilon_{r,1}$——第一层的介电常数；

A_0——表面反射的振幅；

A_p——GPR 入射波的振幅。

A_p可通过采集放置在路面的铜板反射信号获得。如图 2-21 所示，振幅可直接从 GPR 数据中读取。

若已知表面层的介电常数，电磁波在层中的传播速度即可通过式(2-19)计算，从而得到表面层的厚度：

$$d_1=\frac{ct_1}{2\sqrt{\varepsilon_{r,1}}} \tag{2-28}$$

式中，t_1是 GPR 信号在层中传播的往返时间，可由 GPR 数据读取。

2.2.4　电磁(波)混合理论

GPR 在现实应用中的检测对象大多是由多种材料构成的混合料。以柔性路面结构(图 2-21)为例，面层主要由沥青、集料和空气组成，基层和底基层主要由集料和空气组成。一般来说，若混合料成分的尺寸小于电磁波的波长，则可以忽略杂质的漫反射，假设混合料的实测介电常数与真实值相同(Sihvola and Lindell, 1989)。2 GHz GPR 信号在空气中的波长为 150 mm(6 in)，而沥青混合料中集料的最大尺寸一般不超过 25 mm，因此对中心频率小于或等于 2 GHz GPR 的电磁波而言，沥青混合料可假设为均质材料。

基于 Rayleigh 早期的研究成果，研究者建立了混合物介电常数与构成其组成成分各自介电常数之间的关系。Sihvola（1989）利用一般混合公式推导出考虑球形散射元的方程，推导过程如下：

假设混合物背景材料（不一定是自由空间）的介电常数为 ε_0，每单位包含 n 个散射元（每个散射元的极化率是 α）。随机介质的有效介电常数或毛介电常数 ε_{eff} 是指平均位移和平均场强之间的比，如式（2-29）所示：

$$\bar{D}=\varepsilon_{eff}\bar{E} \tag{2-29}$$

位移取决于材料的极化（偏振）：

$$\bar{D}=\varepsilon_0\bar{E}+\bar{P} \tag{2-30}$$

依据散射元的偶极矩 $\bar{p}$（表征散射元对外加电场的响应）可计算出偏振，即极性材料中偶极矩的密度：

$$\bar{P}=n\bar{p} \tag{2-31}$$

式中，n 是散射元的数量。假设所有的散射元是同种材料。若有不同的偏振，则由每个偶极矩重量以及数量密度叠加，偏振由求和或者积分组成。

偶极矩取决于极性和激发场 $\bar{E}^e$：

$$\bar{p}=\alpha\bar{E}^e \tag{2-32}$$

对于球形散射元，激发场为

$$\bar{E}^e=\bar{E}+\frac{\bar{P}}{3\varepsilon_0} \tag{2-33}$$

因此，有效介电常数为

$$\varepsilon_{eff}=\varepsilon_0+3\varepsilon_0\frac{n\alpha}{3\varepsilon_0-n\alpha} \tag{2-34}$$

式（2-34）也可写为

$$\frac{\varepsilon_{eff}-\varepsilon_0}{\varepsilon_{eff}+2\varepsilon_0}=\frac{n\alpha}{3\varepsilon_0} \tag{2-35}$$

需要注意的是，混合物中散射元的尺寸并不一致。一方面，若每个散射元满足准静态要求，则它们的相对极化率便相同，须乘以体积百分率以获取平均极化；另一方面，若混合物中含有不同的极化率，比如含有不同极化率的散射元，它们必须乘以各自的体积百分率，式（2-35）变为

$$\frac{\varepsilon_{eff}-\varepsilon_0}{\varepsilon_{eff}+2\varepsilon_0}=\sum_{i=1}^{N}\frac{n_i\alpha_i}{3\varepsilon_0} \tag{2-36}$$

使用式(2-36)的前提是，散射元须均匀分布在混合物中。最简单的混合物模型由背景媒介和球形散射元组成。当散射元处于静力场时，该散射元的极化率取决于内部场和外部场的比。半径为 a_i 的散射元的极化率为

$$\alpha_i = 4\pi a_i^3 \varepsilon_0 \frac{\varepsilon_i - \varepsilon_0}{\varepsilon_i + 2\varepsilon_0} \tag{2-37}$$

因此，依据式(2-36)，混合物的有效介电常数为

$$\frac{\varepsilon_{\text{eff}} - \varepsilon_0}{\varepsilon_{\text{eff}} + 2\varepsilon_0} = \sum_{i=1}^{N} \frac{4\pi a_i^3 n_i}{3} \frac{\varepsilon_i - \varepsilon_0}{\varepsilon_i + 2\varepsilon_0} \tag{2-38}$$

n_i 个半径为 a_i 的球，体积为

$$V_i = \frac{4\pi a_i^3 n_i}{3} \tag{2-39}$$

式(2-38)可写为

$$\frac{\varepsilon_{\text{eff}} - \varepsilon_0}{\varepsilon_{\text{eff}} + 2\varepsilon_0} = \sum_{i=1}^{N} V_i \frac{\varepsilon_i - \varepsilon_0}{\varepsilon_i + 2\varepsilon_0} \tag{2-40}$$

式(2-40)又被称为瑞利混合方程。若无散射元(即 $V_i = 0$)，有效介电常数 $\varepsilon_{\text{eff}} = \varepsilon_0$；若混合物仅由一种散射元组成，而无背景媒介(即 $V_1 = 1$)，则有效介电常数 $\varepsilon_{\text{eff}} = \varepsilon_1$。这是该方程的两种极限情况。然而，需要注意的是，式(2-33)和式(2-37)仅适用于散射元均匀分布在介电常数为 ε_0 的材料中的情况。这对于较为松散的混合物而言，由于散射元之间距离较大，扰动场的有效距离在 $1/r^3$ 内，对最近的散射元影响很小，所以依然成立。对于组分分布较紧密的混合物，该推导需要进一步论证，一种推导有效介电常数的方法如下：

$$\frac{\varepsilon_{\text{eff}} - \varepsilon_0}{\varepsilon_{\text{eff}} + 2\varepsilon_0 + \nu(\varepsilon_{\text{eff}} - \varepsilon_0)} = \sum_{i=1}^{N} V_i \frac{\varepsilon_i - \varepsilon_0}{\varepsilon_i + 2\varepsilon_0 + \nu(\varepsilon_{\text{eff}} - \varepsilon_0)} \tag{2-41}$$

式中，参数 ν 用以评价计算单个散射元的偶极矩时其周围杂质对极化影响，系数 $\nu = 0$ 可认为是默认的瑞利混合公式；若 $\nu = 2$，混合公式变为

$$\frac{\varepsilon_{\text{eff}} - \varepsilon_0}{3\varepsilon_{\text{eff}}} = \sum_{i=1}^{N} V_i \frac{\varepsilon_i - \varepsilon_0}{\varepsilon_i + 2\varepsilon_{\text{eff}}} \tag{2-42}$$

此公式又称为 Bottcher 混合公式。若 $\nu = 3$，则有：

$$\frac{\varepsilon_{\text{eff}} - \varepsilon_0}{4\varepsilon_{\text{eff}} - \varepsilon_0} = \sum_{i=1}^{N} V_i \frac{\varepsilon_i - \varepsilon_0}{\varepsilon_i + 3\varepsilon_{\text{eff}} - \varepsilon_0} \tag{2-43}$$

此公式又称作相干势公式。

除上述模型外，另外一种广泛使用的模型是由各组分介电常数的幂指数根据体积

除上述模型外，另外一种广泛使用的模型是由各组分介电常数的幂指数根据体积分布得到：

$$\varepsilon_{\mathrm{eff}}^{\beta}=\sum_{i=1}^{N}V_i\varepsilon_i^{\beta} \tag{2-44}$$

除此之外，还有其他的电磁混合模型(Sihvola, 1989)。然而，大多数模型仅适用于特定的混合物且结构较为复杂。参考文献中使用随机参数和边界条件来精确求解电磁问题是不现实的。由此，需要进行试验用实测数据来验证不同模型的可行性。

2.3 GPR 在路面工程中的应用

早在 20 世纪 70 年代中期，GPR 就被美国联邦公路管理局(Federal Highway Administration, FHA)用于隧道沥青路面的养护性检测(Black and Kopac, 1992)。随后，GPR 广泛用于在路面结构其他方面的评价，比如路面层厚的测量、路面病害的探测、钢筋排列及埋置深度的测定以及路面混合料密度和空隙率的估算。

2.3.1 层厚测量

GPR 对路面厚度的检测是目前最广泛成功的应用。GPR 获得的厚度数据主要用于加铺层设计及使用寿命预测，同时可用于新建及旧路面的状况评估，也可为其他无损检测手段如 FWD 提供必要信息。

尽管 GPR 的性能受检测位置及数据分析方法的影响，其沥青面层及基层厚度检测的性能仍得到了广泛认可。对旧的路面系统(美国 81 号州际公路)而言，Lahouar 等(2002)发现利用 GPR 测量厚度为 280～350 mm(11～14 in)的路面层厚时，GPR 的平均误差为 6.8%，而对新建的弗吉尼亚智能公路的沥青混凝土层厚(100～200 mm)进行检测时，平均误差率为 3.8%。Maser(1996)的研究认为，对沥青层厚(51～500 mm)测量时，其误差率为±7.5%，对碎石基层(150～330 mm)测量时，其误差率为±12%。Loizos 和 Plati(2007)的研究表明，由于介电常数获取方式不同，GPR 的精度为 5%～10%。Al-Qadi 等在美国弗吉尼亚州(Virginia)里士满(Richmond)的 288 号干线的试验段对 GPR 用于新建公路 QC/QA 时的性能进行了调查。项目对碎石基层和三种不同沥青层进行了研究，试验在沥青层铺筑结束大约 5 h 后进行。与钻芯取样法测得的厚度相比，GPR 的平均误差率为 2.9%。该项目认为，路面层间均匀性较好是 GPR 获得较高准确率的主要原因。

需要注意的是上述研究中均采用了空气耦合式 GPR(Al-Qadi and Lahouar, 2005)。由于新建路面较为均匀，因此采用 GPR 测得的数据具有很高的准确率。Al-Qadi(2003)等基于空气耦合式和地耦合式 GPR 利用改进的共中心点法检测沥青层的平均介电常数。在 I-81 公路选了长达 27 km 的一段进行试验，试验结果表明该项技术的平均误差率为 6.8%。研究人员认为，误差主要是由于地耦合式 GPR 的表面耦合引起的反射波定位不准确而造成的。为简化和加速数据处理，研究人员开发了一系列利用 GPR 数据自动计算路面厚度的程序（Lahouar and Al-Qadi, 2008; Olhoeft and Smith Ⅲ, 2000）。

由于利用 GPR 探测水泥-基层界面的反射波难度较大，因此，其在水泥混凝土路面厚度测量的应用上并不成功（Cardimonda et al., 2003）。主要原因有两点：①水泥混凝土路面和基层的特性相似；②信号在水泥混凝土中衰减严重。

2.3.2 病害探测

除测量厚度外，GPR 在路面工程中的另一个常见应用是探测路面病害，例如沥青混合料的剥落、路面结构中的脱空和路面结构层的分离等。

沥青混合料的剥落是由于渗透水的冲刷破坏了沥青和集料之间的黏附而引起的，这导致在沥青混合料中形成不稳定的低密度层。得克萨斯州交通研究院的研究结果也证明了现有路面中存在剥落（Saarenketo and Scullion, 1994）。研究也证明，面层中存在严重剥落会在表面和基层的反射中产生附加反射信号。然而，沥青层内部的不同介电特性也可能产生相似的反射，因此需要采用钻芯法或者 FWD 进行核实。需要注意的是，GPR 只有在层间的介电特性出现较大差异时才能有效辨识材料变化。由于早期剥落还未对路面的介电特性造成影响，导致 GPR 的辨识能力受限。除此之外，GPR 探测剥落时还会受干湿状态的影响。若剥落处干燥，则其为波谷；若剥落处饱和，则为强烈的波峰。GPR 信息指数等于 GPR 在特定位置和深度范围内的振幅除以 GPR 在正常范围内的平均振幅。基于该指数，依据不同的特征对道路进行划分，用以通过其他技术手段来验证剥落区。

由于路面内部脱空会使路面失稳，因此，早期探测该类病害尤为重要。一般来说，路面内部空洞由于水渗透进土壤中并在交通荷载的作用下进行冲刷，随后冲走混合料中的填料而导致的。早在 1981 年就有研究人员利用 1 GHz 的探矿雷达来确定柔性路面下的空隙（Steinway et al., 1981）。研究表明，GPR 可被用于探测长度小于 150 mm（6 in）、深度小于 216 mm（8.5 in）的空隙且误差的标准偏差小于 13 mm（0.5 in）。尽管空隙探测是 GPR 在路面中最早的应用之一，但也有很多报告显示 GPR 的检测不满足要求（Morey, 1998; Al-Qadi, 2002）。影响 GPR 探测混凝土板下的空隙的一个原因是空隙的湿度：空隙处于干燥、半干或饱和状态时，GPR 的反射图样完全不同。此外，钢筋的存在也会影响 GPR 探测其下的空隙。尽管如此，在空隙探测方面，GPR 仍然是行之有效的工具。虽然在测定空隙的宽度和深度方面，钻芯取样法是推荐方法，但最近一项研究表明，采用 400 MHz 的探地雷达探测深度为 50～400 mm（2～16 in）的空隙及钢筋下方的空隙具有可行性（Chen and Scullion, 2008）。但探测在混凝土板下的小尺寸的空隙仍然具有挑战性(Al-Qadi, 1996)。

混凝土路面碎裂会影响路面平整度和行车质量。路面浅层的早期层间脱空是形成碎裂的主要原因。在早期研究(Joyce, 1985)中,GPR 作为大范围无损检测的手段用以快速评价与分层相关的桥面铺装的整体状况。结果表明,GPR 可以检测出长度在 0.6 m 及以上的病害区域。然而,由于受到表面波传播质量(或入射波衰减)的影响,数据处理有一定的主观性。Huston 等(Huston et al., 2000)采用自制的频率步进 GPR 系统来探测路面内部的分层。在室内试验中,可探测到尺寸小于或等于 1 mm 的分层图像,远高于现场试验可达到的精度。

Rhazi 等(Rhazi, 2003)试图确定 GPR 探测混凝土桥面分层的性能,研究中使用了 4 种 GPR 系统对混凝土桥面的沥青铺装进行评价。研究结果表明,尽管在雷达天线领域取得了进展,但分层检测仍然受限。研究人员认为,分层的尺寸小、靠近钢筋以及天线、分辨率不够均为造成上述现象的原因。

其他的研究发现,用 GPR 探测路面层间的剥离也存在技术问题。即使在 1～2 GHz 下,雷达在沥青混合料中的波长仍然不能分辨层间的轻微剥离。Smith 和 Scullion(Smith and Scullion, 1993)建立了沥青混凝土剥离的数值模型。研究结果表明:当深度大于 50 mm 时,大于 5 mm 的空气填充空隙可被检测到;或分层被水填充且尺寸大于 2.5 mm 时,分层处可被 2.5 GHz 的 GPR 天线探测出。建议的检测速度为 16 km/h(10 mph)。其他的现场研究表明,GPR 的检测结果有助于发现沥青面层之间的分层现象,如振幅大的位置表明该处存在剥离。现有文献表明,检测沥青层之间的剥离,特别是检测早期剥离目前仍存在技术难点,需要进一步系统研究。可行的方法是借助高敏感度的 GPR 通过间接测量层间剥离以检测湿度变化,同时结合水分在分层中的渗透来测量分层剥离的情况。如何将 GPR 与其他无损检测手段相结合以达到最佳的检测效果也是近期研究的热点之一。

2.3.3 钢筋排列及埋置深度测定

在众多路面材料中,金属的介电常数与其他材料差异最大。因此,GPR 信号很容易探测到路面中金属的位置。GPR 已被广泛应用于检测钢筋深度及检查接缝钢筋的布置(UK Department of Transport, 2011)。在该应用中,GPR 横向扫描钢筋并会在 B-scan(GPR 信号沿着扫描距离叠加)GPR 图像中以抛物线或双曲线的形式呈现出来。Al-Qadi 和 Lahouar(2005b)提出了一种可用于提取由钢筋反射产生的典型的抛物线图形的处理方法。通过提取实测数据中的抛物线并与理论模型进行比较,可以得到钢筋的位置、该处的介电常数以及钢筋保护层的厚度。通过对已知的结构物进行检测,GPR 检测钢筋厚度的误差率为 2%。

由于在 GPR 图像中钢筋的反射和真实埋置的钢筋相似度很低,近些年提出了很多自动解析图像的算法。神经网络可为自动解析雷达数据提供广泛的应用空间

(Newnham, Goodier, 2000; Shaw et al. ,1998)。然而,应用也仅限于钢筋的定位和尺寸的粗略估计。相比之下,探测钢筋的尺寸难度较大,故工业推广难度更大。

2.3.4 密度及空隙率估算

沥青混合料的空隙率或密度是影响路面使用寿命及服役特性的主要因素之一。尽管在利用 GPR 测定沥青混合料的空隙率或密度方面做了很多尝试,但仍处于发展阶段。

Al-Qadi(1992)最早尝试利用 GPR 系统预测沥青混合料的体积特性,基于沥青混合料的介电常数,利用回归模型预测沥青混合料的体积含水率。虽然该项目的研究目的是研究混合料中的水含量,但可利用该原理对空隙率进行预测。

Lytton(1995)开发了基于传统 GPR 的预测多层系统内各层密度和含水量的软件(美国专利号:5384715)。软件命名为:System Identification and Analysis of Subsurface Radar Signals (SIDARS)。该软件利用了沥青混合料的各层均由三相(固相、液相、气相)组成这一事实。因此,沥青混凝土层的介电常数是一个由该层三相介电常数组成的函数。SIDARS 利用路面系统的波传播模型以产生人工合成的反射雷达信号,通过迭代法计算各层固、液、气三相的浓度,并计算实测和模拟信号之间的最小均方差作为评价标准(Lytton, 2000)。通过软件中编写的模型与钻芯获得的真实数据校准,可算出各层的体积和质量组成(Wells et al., 2001)。

Saarenketo(1997)开展了欧洲最早利用 GPR 测定路面密度的研究。其研究也借助路面材料的介电常数可被认为是其组成成分介电常数的函数这一假设。因此,可通过检测路面整体介电常数的变化来确定其组成成分的变化。沥青混合料是由沥青、集料、空气甚至水组成的。沥青的介电常数通常为 2.6~2.8,干燥集料的介电常数为 4.5~6.5,空气的介电常数为 1。尽管水的介电常数取决于其状态(自由水或固结水),但其不会对新建路面产生明显影响。室内试验确定了介电常数和干燥沥青混合料密度之间的关系。基于他们的研究,芬兰的研究人员认为表面介电常数和空隙率之间存在指数关系:

$$void(\%) = a \cdot e^{-b \cdot \varepsilon_{AC}} \tag{2-45}$$

式中 ε_{AC}——表面介电常数,可利用空气耦合天线在高速下获得;

a, b——与混合料种类有关的校正常数,可通过钻芯取样确定。

介电常数的显著变化证明密度存在问题,可以为路面内部局部缺陷的检测提供数据支持(Saarenketo and Scullion, 2000)。

Silvast(2001)利用 GPR 技术检测了芬兰 Helsinki-Vantaa 机场跑道的空隙率含量。试验目的是评价基于 GPR 技术的机场跑道质量控制的可行性。时间大约 3 h 内,在 900 m×60 m 的范围内进行了 8 条平行跑道的 GPR 数据采集。利用表面反射技术计算出了路面的介电常数。从 3 条跑道上取了芯样，并利用这些芯样对 GPR 测得的值进行校准。数据的采集速度为 50～70 km/h(90～112 mph)。在数据处理过程中，计算每 5 m 的空隙率平均值。研究证明，探地雷达技术可用于机场跑道的质量控制检测。此外，研究也证明，相比于传统的检测手段，GPR 在检测速度方面具有明显的优势。

得克萨斯州用红外层析成像和 GPR 这两种不同的检测技术来检测沥青加铺层的密度一致性问题(Sebesta and Scullion，2002)。试验数据是从得克萨斯州交通局在 US-79，IH-10 和 US-290 的加铺项目上采集的。采用芬兰研究人员提出的指数方程，利用从现场取回的芯样，对表面介电常数和空隙率之间的关系进行回归，即可对路面整体的密度进行预测。通过对两种技术进行比较，研究认为 GPR 是一种对路表面非均质性密度变化更好的检测手段。为满足得克萨斯州对密度的规定，研究人员建议，对于粗级配混合料而言，其介电常数下降幅度不应大于 0.8，对密级配混合料而言，则不应大于 0.4。

3 沥青混合料密度预测模型建模、评估及验证

如本书第 2 章所述，使用探地雷达可以通过式(2-27)估算沥青混合料的介电常数。根据电磁混合理论，沥青混合料的介电常数是它的各个组分(空气、沥青及集料)的介电常数及体积特性的函数。换言之，沥青的密度与其介电常数之间存在物理关系。所以，若能建立沥青的密度与介电常数之间的数学模型，则可采用探地雷达按照图 3-1 所示的流程来预测沥青混合料的现场密度。在图 3-1 中，因为沥青混合料的毛体积比重(G_{mb})等于沥青混合料的毛体积密度除以水的密度(1 g/cm^3)。所以，如果用 g/cm^3 做密度单位，G_{mb}在数值上等于沥青混合料的密度。因为在路面工程中，G_{mb}是一个常用的评价指标，本书将采用 G_{mb}来表征沥青混合料的密度。

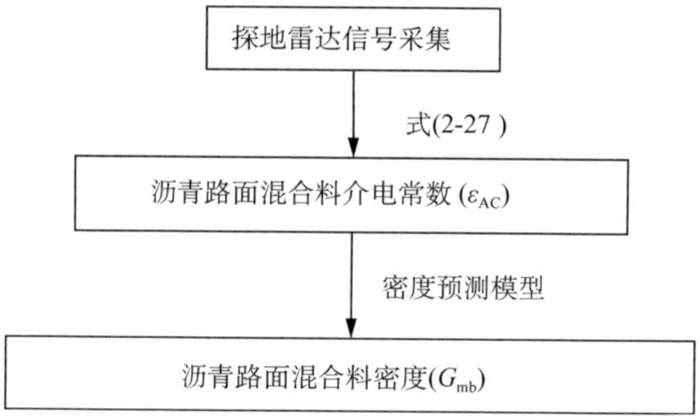

图 3-1　使用探地雷达进行沥青混合料密度预测的流程

如图 3-1 所示，密度预测模型及沥青混合料的介电常数的精度是影响沥青混合料密度预测的最关键因素。此外，合理的检测和数字信号处理方法对于在实践中应用探地雷达进行沥青混合料密度检测也十分重要。所以，本书完成了如图 3-2 所示的 5 项研究任务。

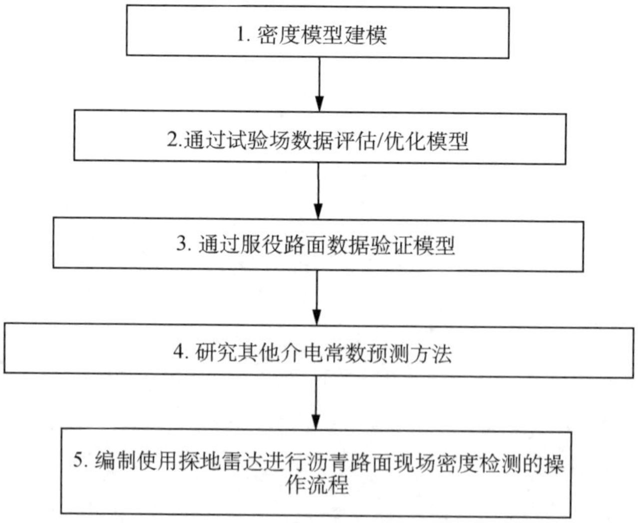

图 3-2　研究技术路线

第 1 项任务是根据本书第 2 章中介绍的电磁理论建立两个密度预测模型。第 2 项任务是设计并修建一个 6 条沥青试验道的试验场。在这些试验道上采集探地雷达数据并用任务 1 中的密度预测模型来预测各试验道的现场密度。通过与现场取芯数据进行对比,得到两个预测模型的预测精度。之后,对建立的模型进行优化得到最优模型。在任务 3 中,基于任务 2 中得到的最优模型预测实际路面的密度并验证其精度。第 4 项任务是研究基于两个空气耦合式天线系统的共中点法来进一步提高沥青混合料介电常数预测的精度。最后是建立探地雷达进行沥青路面密度检测的操作流程指南。该指南包括探地雷达设备的选择、探地雷达数据采集、数字信号降噪处理及沥青混合料密度预测。

3.1 密度预测模型建模

本书 2.4 节已介绍了均匀混合料的介电常数与它的各组分的介电及体积特性之间的电磁混合模型。本研究选择了其中的两个模型:复合指数模型(CRIM)和 Bottcher 混合模型来建立沥青混合料密度与介电常数之间的密度预测模型。选择这两个模型的主要原因是它们已在其他领域被成功应用,且模型中的参数数值较容易获取。

密度预测模型所有的混合料均假设为干燥状态。在此假设下,沥青混合料由空气、集料和沥青 3 个组分组成。图 3-3 的相位图给出了沥青混合料的组成及其基本参数。V 和 M 分代表每个组分的体积及质量;字母分别代表每个组分的比重及介电常数。图 3-3的右侧给出了每个参数的定义。

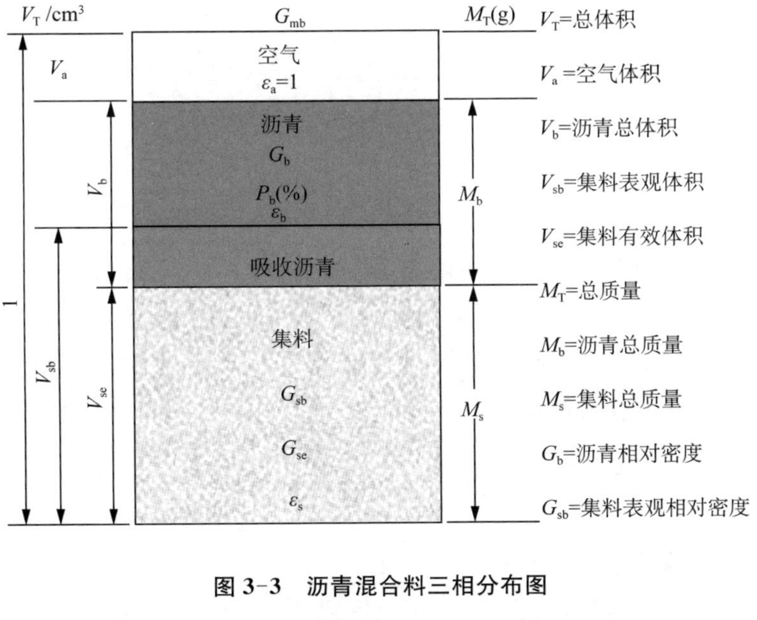

图 3-3 沥青混合料三相分布图

3.1.1 改进的复指数预测模型

基于复指数预测模型混合理论[式(2-44)]，沥青混合料的介电常数可以由以下公式得到：

$$\sqrt{\varepsilon_{AC}} = V_a\sqrt{\varepsilon_a} + V_{se}\sqrt{\varepsilon_s} + V_b\sqrt{\varepsilon_b} \tag{3-1}$$

式(3-1)中所有参数的定义见图 3-3。

假设沥青混合料的总体积 $V_T=1$，那么沥青混合料中空气、沥青和集料的体积可以通过以下公式计算。

$$V_a = 1 - \frac{G_{mb}}{G_{mm}} \tag{3-2}$$

$$V_b = \frac{M_b}{G_b} = \frac{G_{mb}P_b}{G_b} \tag{3-3}$$

$$V_{se} = \frac{M_s}{G_{se}} = \frac{G_{mb}(1-P_b)}{G_{se}} \tag{3-4}$$

式(3-2)—式(3-4)中各参数的定义参见图 3-3。

将式(3-2)—式(3-4)代入式(3-1)中，可以得到：

$$\sqrt{\varepsilon_{AC}} = \left(1-\frac{G_{mb}}{G_{mm}}\right)\sqrt{1} + \frac{G_{mb}(1-P_b)}{G_{se}}\sqrt{\varepsilon_s} + \frac{G_{mb}P_b}{G_b}\sqrt{\varepsilon_b} \tag{3-5}$$

进一步改写式(3-5)，可以得到如下改进的复指数预测模型：

$$G_{mb} = \frac{\sqrt{\varepsilon_{AC}} - 1}{\frac{P_b}{G_b}\sqrt{\varepsilon_b} + \frac{(1-P_b)}{G_{se}}\sqrt{\varepsilon_s} - \frac{1}{G_{mm}}} \tag{3-6}$$

3.1.2 改进的 Bottcher 模型

对于 Bottcher 模型，一个混合料的有效介电常数 ε_{eff} 与它的背景材料的介电常数(ε_0)及 N 个包含物之间的介电常数之间的关系可用式(2-42)表示。在应用该模型时，假设沥青混合料中的沥青是背景材料，而集料和空隙为其中的球形填充物。根据式(2-42)，沥青混合料的介电常数可由式(3-7)计算得到：

$$\frac{\varepsilon_{AC}-\varepsilon_b}{3\varepsilon_{AC}} = V_{se}\frac{\varepsilon_s-\varepsilon_b}{\varepsilon_s+2\varepsilon_{AC}} + V_a\frac{\varepsilon_a-\varepsilon_b}{\varepsilon_a+2\varepsilon_{AC}}, \tag{3-7}$$

式(3-7)中各项参数的定义见图 3-3，$\varepsilon_a=1$。

将式(3-2)、式(3-4)代入式(3-7)，可以得到：

$$\frac{\varepsilon_{AC}-\varepsilon_b}{3\varepsilon_{AC}}=\frac{G_{mb}(1-P_b)}{G_{se}}\frac{\varepsilon_s-\varepsilon_b}{\varepsilon_s+2\varepsilon_{AC}}+\left(1-\frac{G_{mb}}{G_{mm}}\right)\frac{1-\varepsilon_b}{1+2\varepsilon_{AC}} \tag{3-8}$$

使用式(3-8)求解 G_{mb} 就可以得到如下改进的 Bottcher 模型：

$$G_{mb}=\frac{\dfrac{\varepsilon_{AC}-\varepsilon_b}{3\varepsilon_{AC}}-\dfrac{1-\varepsilon_b}{1+2\varepsilon_{AC}}}{\left(\dfrac{\varepsilon_s-\varepsilon_b}{\varepsilon_s+2\varepsilon_{AC}}\right)\left(\dfrac{1-P_b}{G_{se}}\right)-\left(\dfrac{1-\varepsilon_b}{1+2\varepsilon_{AC}}\right)\left(\dfrac{1}{G_{mm}}\right)} \tag{3-9}$$

3.2 密度预测模型敏感性分析

式(3-6)和式(3-9)在本书中分别代表改进的 CRIM 模型及改进的 Bottcher 模型。这两个模型可简化为下式：

$$G_{mb}=f_{\varepsilon_s,\ \varepsilon_b,\ P_bG_bG_{se},\ G_{mm}}(\varepsilon_{AC}) \tag{3-10}$$

式中，沥青混合料的毛体积比重是模型的输出参数，而混合料的介电常数是模型的输入参数。此外，式中还有 6 个参数：集料的介电常数、沥青的介电常数、沥青用量、沥青的比重、集料的有效比重及沥青混合料的最大理论比重。其中，P_b，G_{se} 和 G_{mm} 的取值可从混合料设计资料中得到。G_b 和 ε_b 分别为取值 1.015 和 3 的常数。ε_s 的取值取决于集料的类型及来源。例如，石灰岩的介电常数通常为 6～8，而花岗岩的介电常数通常为 4～7。为了比较这两个模型，图 3-4 和图 3-5 分别给出了混合料的 G_{mb} 和空隙率随 ε_{AC} 的变化关系曲线。表 3-1 给出了绘制图 3-4 和式(3-4)所假设的参数的取值。

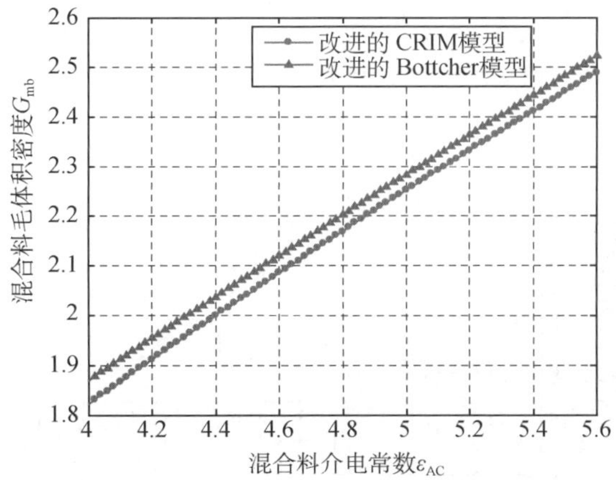

图 3-4　混合料密度随介电常数变化曲线

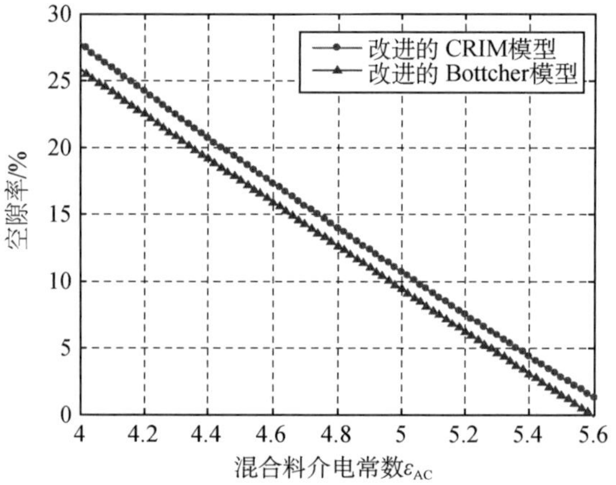

图 3-5　空隙率随混合料介电常数的变化曲线

表 3-1　　密度预测模型中参数取值

参数	ε_s	ε_b	P_b	G_b	G_{se}	G_{mm}
常用取值	6	3.0	5%	1.015	2.705	2.521

从图 3-4 和图 3-5 可以看出，两个模型给出的预测密度和预测空隙相差很小。图 3-6是两种模型在假定 $\varepsilon_{AC}=5$ 时 G_{mb}精度对应于 ε_{AC}误差的敏感性。例如，当 ε_{AC}存在 10%的误差时，改进的 CRIM 模型和改进的 Bottcher 模型预测的 G_{mb}误差分别为 8.8%和 8.7%。由介电常数引起的毛体积比重的预测误差不会超过介电常数的误差本身。

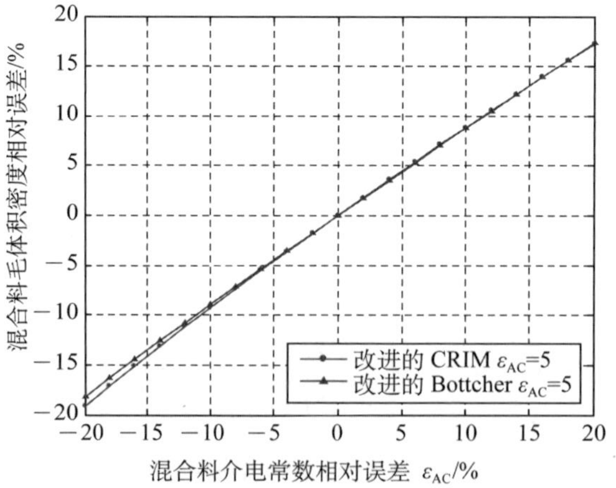

图 3-6　混合料密度预测误差与介电常数取值关系

3.3 基于试验场数据的密度预测模型评估及优化

本章首先进行了室内试验(Al-Qadi et al., 2005)用于评估密度预测模型的精度,从而找到混合料密度预测的最佳模型。如图 3-7 所示,室内试验采用了 2 GHz 的空气耦合式天线对尺寸为 60 cm×60 cm×7.5 cm 的沥青混合料板进行探地雷达数据采集。混凝土板由石灰岩集料和 PG64-22 的沥青制成;空隙率在 9.9%~16.4%。如图 3-8 所示,室内试验数据显示了混合料的介电常数和其密度或空隙率之间的明显关系趋势。但是,室内试验也存在以下的局限。

图 3-7 探地雷达读取沥青混凝土板的反射数据

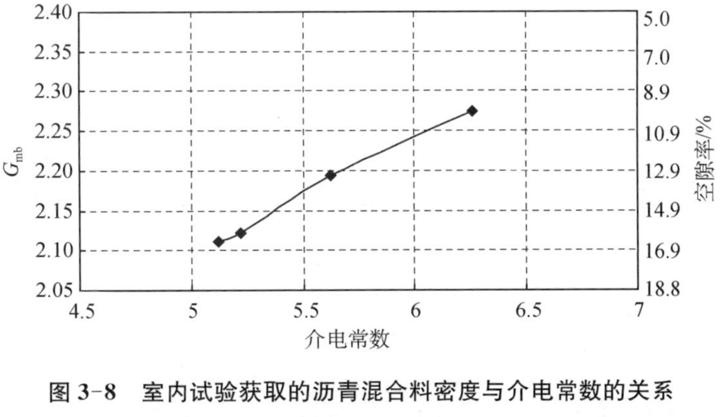

图 3-8 室内试验获取的沥青混合料密度与介电常数的关系

（1）室内试验可以实现的混合料板的密度远远小于现场的数值：新修路面 7%～8%的空隙率；随着交通荷载的二次压实逐渐降低至 4%左右。

（2）制备大尺寸的混凝土板相对耗时费力。

（3）受混凝土板尺寸的局限，雷达信号在板周围材料的反射会影响反射自混凝土板的探地雷达信号。

（4）室内试验只评估了一种沥青混合料。

考虑到上述局限，本研究通过设计修筑全尺寸试验路采用试验路数据对模型进行评估。与室内试验相比，全尺寸试验路可以提供更真实的数据，同时具备可控的试验变量。

3.3.1 试验场设计

为了测试不同类型的混合料，试验场设计时考虑了如下变量：混合料类型、沥青类型、沥青用量、空隙率以及沥青层厚度。表 3-2 给出了各个变量考虑的不同的水平。基于这些变量，选择了 3 种不同类型的混合料：石灰岩上面层混合料、花岗岩上面层混合料以及石灰岩中面层混合料。附录 A 给出了这三种混合料的设计参数。为了评估沥青类型的影响，第四种沥青混合料将花岗岩面层混合料的沥青由 PG64-22 换为 PG70-22 并保持其他参数不变。为了评估沥青用量的影响，将花岗岩面层混合料的沥青用量增加 1%并保持其他参数不变。所以，最终选择了 5 种不同的沥青混合料。对于每种沥青混合料，铺筑 4 个不同设计空隙率（4%，6%，9%和 12%）的试验段。表 3-3 为 5 种沥青混合料的基本信息。

表 3-2　试验中变量及其取值范围

变量	取值范围
混合料类型	面层和黏结层(2)
集料类型	石灰岩和花岗岩(2)
胶结料类型	PG 64-22 和 PG 70-22 (2)
沥青含量	最佳用量＋ 1% (2)
空隙率	4%，6%，9%，12% (4)
沥青面层厚度/cm	5，10，15，20 (2 in，4 in，6 in，8 in) (4)

表 3-3　试验场使用的混合料种类

标号	混合料类型	最大公称粒径/mm	沥青标号	沥青含量
Ⅰ	石灰岩面层	9.5	PG64-22	最佳用量
Ⅱ	花岗岩面层	9.5	PG70-22	最佳用量

（续表）

标号	混合料类型	最大公称粒径/mm	沥青标号	沥青含量
Ⅲ	花岗岩面层	9.5	PG64-22	最佳用量
Ⅳ	花岗岩面层	9.5	PG64-22	最佳用量+1%
Ⅴ	石灰岩面层	19.0	PG64-22	最佳用量

试验场的位置选在美国伊利诺伊大学的高级交通研究与工程实验室的室外试验场。如图 3-9 所示，试验场共包含 6 条试验道，每条试验道有 4 个试验段。每个试验段宽 3.6 m、长 3.3 m。纵向的试验段与试验段之间修筑长 3.9 m 的过渡段。这些过渡段主要用来为压路机提供停止和开始压实的空间，从而保证每个试验段具有均匀

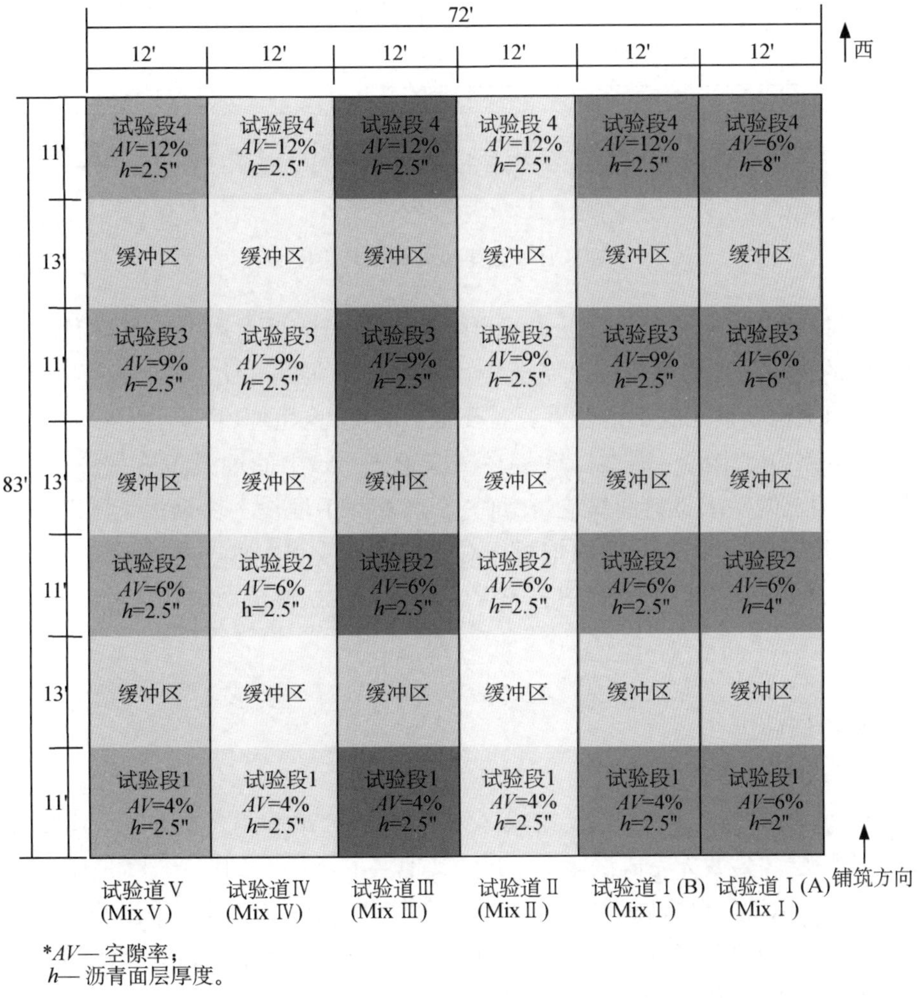

图 3-9　试验场施工图例

的设计空隙率。试验道Ⅰ(A)用来评估沥青层厚度的影响。这条试验道用Ⅰ号混合料修建。4个试验段具有同样的目标空隙率(6%)但不同的厚度(5 cm,10 cm,15 cm,20 cm)。试验道Ⅰ(B)至Ⅴ用来评估不同的沥青混合料的密度对探地雷达数据的影响。试验道Ⅰ(B)至Ⅴ分别用混合料Ⅰ至混合料Ⅴ修筑。每种混合料都被压实到同样的目标厚度(5 cm)但不同的压实度(4%,6%,9%,12%的目标空隙率)。如图3-10所示,试验道Ⅰ(A)分4层施工,每次5 cm厚。试验道Ⅰ(B)至Ⅴ通过一层施工完成。

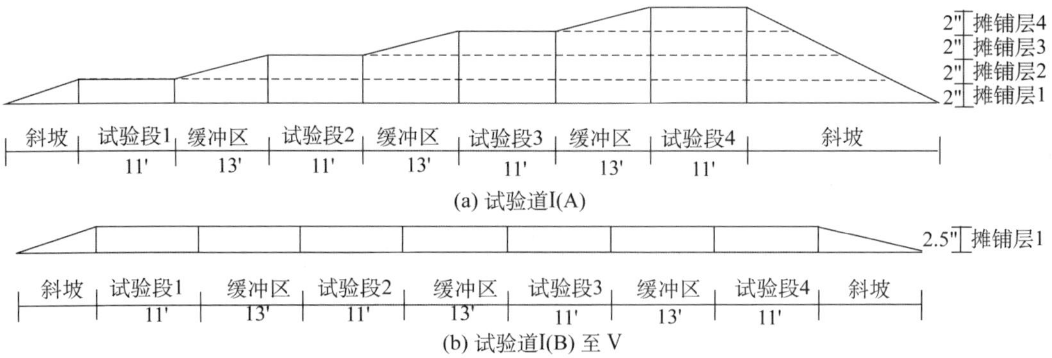

图3-10 面层纵向截面示意图

为了接收到雷达信号在每层沥青混合料底部清晰的反射,在每个试验段中埋设了3.3 mm厚的钢板。因为钢板可以完全反射雷达信号,通过在雷达信号中定位钢板的位置,可以准确定位沥青层底部的位置。需要指出的是,这里埋设的钢板只是出于研究目的,在实际道路检测中并不需要。钢板在试验道Ⅰ(A)中的埋设位置如图3-11(a)所示。在该试验道的每层材料铺筑前,在每一个试验段中埋设一块钢板。所以,最终试验段1,2,3,4分别有一,二,三,四块钢板。对于试验道Ⅰ(B)至试验道Ⅴ,每个试验段埋有一块钢板。在这些钢板的位置钻芯取样后得到的数据将被用来评估密度预测模型的精度。

3.3.2 试验场施工

1. 施工过程

整个试验场的施工耗时2天完成。第1天修筑试验道Ⅰ(B)至Ⅴ以及试验道Ⅰ(A)的第一层。第2天完成试验道Ⅰ(A)其他层的施工。如图3-12所示,在修筑试验场前,完成了以下的已有路面的准备工作:采用吹风机清理路面,采用喷漆标识路面,采用钢钉固定钢板以及喷洒粘层油。选用沥青剩余率为66%的乳化沥青SS-1hp作为粘层油。粘层油的用量为0.32 L/m²,对应于0.10 L/m²的剩余沥青。图3-13为喷洒完粘层油后的现有路面的照片。

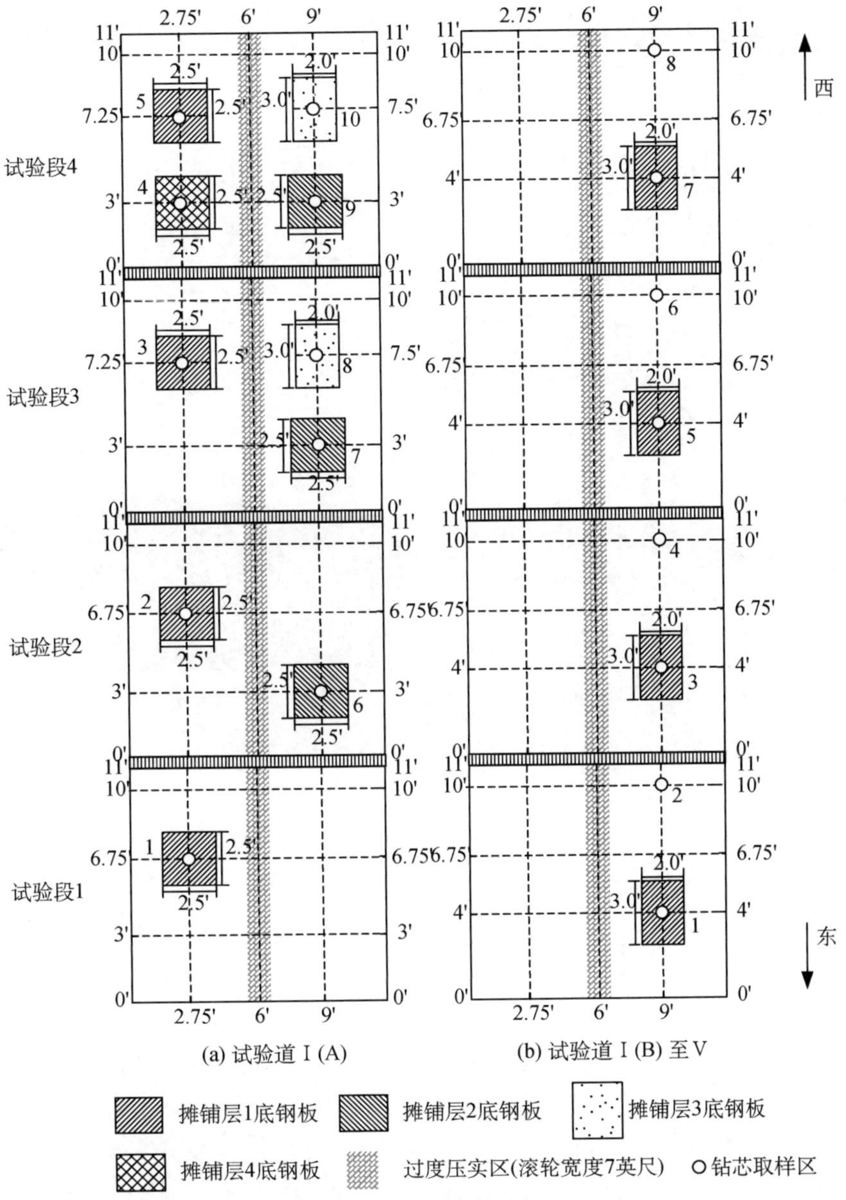

试验段4
试验段3
试验段2
试验段1
西
东
(a) 试验道 I (A)
(b) 试验道 I (B) 至V
摊铺层1底钢板
摊铺层2底钢板
摊铺层3底钢板
摊铺层4底钢板
过度压实区(滚轮宽度7英尺)
钻芯取样区

图 3-11　钢板埋设示意

(a) 吹风机清理路面

(b) 表面喷漆标记

(c) 固定埋设的钢板

(d) 喷洒粘层油

图 3-12 试验场路面修筑准备工作

图 3-13 准备完毕的试验场路面

试验场施工从试验道Ⅰ(A)的第一层开始(图 3-14)。为了保证混合料的均匀性、防止离析,在施工中采用了材料传输车(Material Transfer Vehicle, MTV)供料,如图 3-15所示。为了抽查混合料的质量,对每条试验道,在铺筑开始和结束时从材料传输车取样,在铺筑过程中从铺路机中取样(图 3-16)。混合料在施工过程中的温度通过手持式温度传感器来记录(图 3-17)。

图 3-14　铺设第 1 条试验道

图 3-15　材料传输车

图 3-16 从铺路机中取样抽查

图 3-17 使用温度传感器进行温度采样

选用图 3-18 所示的 Caterpillar CB534D 钢轮压路机完成碾压。压路机钢轮的宽度为 2 m,前后轮间距为 3.71 m。压实沿试验道纵向(东西方向)进行。因为每条试验道的宽度为 3.63 m,所以压路机需碾压两次才能完成对整个试验道宽度的压实。两次压实会造成中间 0.33 m 宽的重复压实区域。对于静压,压实速度为 42 m/min,对于振动压实,压实速度为 54 m/min。钢轮的震动频率为 3 300 次/min。在压实过程中,采用核子密度仪对沥青面层的密度进行连续监测,直至测得的密度满足目标空隙率的要求。

图 3-18　路面压实

图 3-19　压实过程中使用核子密度仪进行密度控制

试验道Ⅰ(A)的第一层修筑完成后，按照下面的顺序进行施工：试验道Ⅰ(B)，试验道Ⅱ，试验道Ⅲ，试验道Ⅳ，试验道Ⅴ。因为这几条试验道的每个试验段的目标空隙率不同，所以它们采用了和试验道Ⅰ(A)不同的施工过程。为了实现不同的压实度，每个试验段经受了不同的压实次数。通过核子密度仪对试验段的现场密度进行连续检测，直至空隙率接近目标值。此外，通过开关振动对压实功进行控制。为了保证压实的均匀性，所有压实过程的开始及结束都在过渡区完成。图 3-20 为第 1 天施工结束后试验场的照片。

图 3-20　第 1 天铺设后的试验场

试验道Ⅰ(A)剩余三层的施工在第 2 天完成。对试验段 2，3，4 修筑第二层，试验段 3，4 修筑第三层，试验段 4 修筑第四层。试验段 2，3，4 的最终厚度分别为大约 5 cm，10 cm，15 cm，20 cm。每一层的压实度均由核子密度仪进行控制。图 3-21 是第 2 天施工后试验道Ⅰ(A)的照片。

图 3-21　第 2 天铺设后的试验道

2. 施工质量控制数据

为了保证实现试验场的设计效果，在施工过程中对混合料的温度、密度及层厚进行了连续的观测。附件 C 给出了混合料在铺筑及压实过程中的温度数据。表 3-4 和表 3-5给出了每个试验段在施工完成后核子密度仪检测得到的空隙率数据。可以看出，核子密度仪测得的各个试验段的空隙率总体来说与设计空隙率接近。但是，需要指出的是，表 3-4 和表 3-5 给出的核子密度仪测得的空隙率与真实值存在一定误差。

表 3-4　　最终核子密度仪测得的空隙率[试验道 I (B)至 V]

路面			试验值			
			1	2	3	4
试验道 I (B)	压实度/%	南	95.0	94.4	90.5	89.7
		北	97.5	95.1	91.6	88.5
		平均值	96.3	94.8	91.1	89.1
	空隙率/%		3.8	5.3	9.0	10.9
试验道 II	压实度/%	南	93.4	93.2	90.2	89.3
		北	95.1	94.8	93.2	89.7
		平均值	94.3	94.0	91.7	89.5
	空隙率/%		5.8	6.0	8.3	10.5
试验道 III	压实度/%	南	94.9	93.4	91.0	87.9
		北	95.1	93.1	91.0	87.2
		平均值	95.0	93.3	91.0	87.6
	空隙率/%		5.0	6.8	9.0	12.5
试验道 IV	压实度/%	南	96.5	94.4	92.4	90.2
		北	96.4	94.0	93.8	89.2
		平均值	96.5	94.2	93.1	89.7
	空隙率/%		3.6	5.8	6.9	10.3
试验道 V	压实度/%	南	96.7	95.2	93.2	88.9
		北	95.5	94.0	91.3	88.0
		平均值	96.1	94.6	92.3	88.5
	空隙率/%		3.9	5.4	7.8	11.6

表 3-5　　最终核子密度仪测得的空隙率[试验道Ⅰ(A)]

摊铺			试验段			
			1	2	3	4
位置 1	压实度/%	南	—	—	—	—
		北	—	—	—	—
		平均值	—	—	—	—
	空隙率/%		—	—	—	—
位置 2	压实度/%	南	93.9	94.6	—	—
		北	93.8	94.5	—	—
		平均值	93.9	94.6	—	—
	空隙率/%		6.1	5.4	—	—
位置 3	压实度/%	南	93.5	94.3	94.0	—
		北	94.5	94.4	95.4	—
		平均值	94.0	94.4	94.7	—
	空隙率/%		6.0	5.6	5.3	—
位置 4	压实度/%	南	94.5	93.7	94.5	94.3
		北	92.9	94.8	94.3	95.0
		平均值	93.7	94.0	94.4	94.7
	空隙率/%		6.3	6.0	5.6	5.3
空隙率平均值/%			6.1	5.7	5.5	5.3

每个试验段的沥青层厚通过卷尺在每个试验段的边缘测得，如图 3-22 所示。表 3-6给出了每条试验道的每个试验段的最终厚度。对试验道Ⅰ(B)至试验道Ⅴ，9%和 12%空隙率的试验段的厚度与 6.3 cm 的目标值接近，但 4%和 6%空隙率的试验段

图 3-22　压实后路面面层厚度

的厚度略小于目标值。这可能是由于已有路面的平整度或为了实现不同的空隙率而调整的混合料用量造成。但由于这几个试验段的主要目的是研究空隙率的影响,这些误差的影响可以忽略不计。

表 3-6　　压实后厚度检测(南边,单位为英寸)

位置	试验道					
	Ⅰ(A)	Ⅰ(B)	Ⅱ	Ⅲ	Ⅳ	Ⅴ
1	2.0	2.2	1.8	1.9	2.0	2.0
2	4.1	2.2	1.8	2.0	2.1	2.1
3	6.3	2.4	2.3	2.5	2.5	2.3
4	8.5	2.2	2.3	2.5	2.5	2.4

3.3.3　数据分析及模型评估

当试验场修筑完成后,采用如图 3-23 所示的 2 GHz 的车载空气耦合式探地雷达系统在试验场进行数据采集。数据采集包括静态数据和动态数据。静态数据的采集位置是每块埋设钢板的中心。动态数据采集通过距离测量仪(DMI)来判断探地雷达数据对应的试验段的位置。动态数据采集的速度大约为 32 km/h;采集频率为每 25.4 mm 有 1 个数据点。

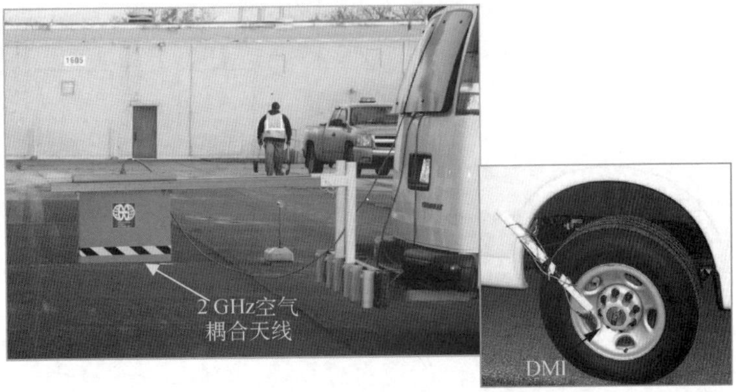

图 3-23　2 GHz 空气耦合探地雷达系统

图 3-24 给出了典型的钢板位置的 A-扫描(单点数据)和试验道Ⅰ(B)至Ⅴ的 B-扫描/雷达图谱(不同位置的单点扫描的叠加)探地雷达图。图 3-24(a)中标出了沥青面层的表面及底部的位置。图 3-24(b)中,雷达信号的反射强度用不同的灰度值表示:越亮的颜色表示反射越强。图中的强反射由沥青面层底部的钢板的反射造成。从这些反射可以判断沥青层底的精确位置。

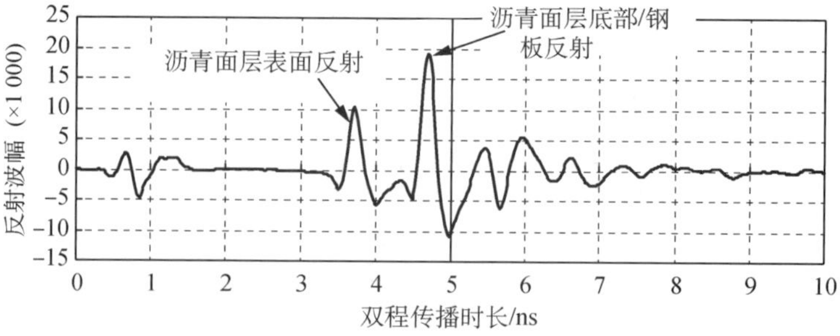

(a) 单通道信号

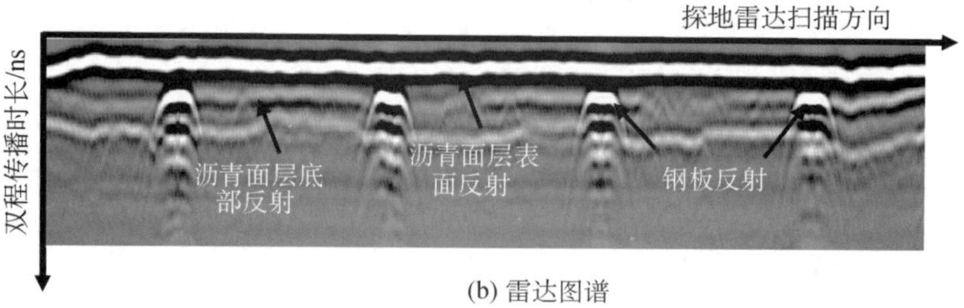

(b) 雷达图谱

图 3-24　探地雷达源数据

根据探地雷达信号的反射强度，通过式(2-27)可以得到每条试验道的介电常数谱。如图 3-25 所示，每条试验道的介电常数从高密度试验段到低密度试验段均呈现出下降趋势。这样的趋势验证了混合料的介电常数与密度之间存在正相关性，即混合料的介电常数随着其密度的增加而变大。此外，用石灰岩的试验道[Ⅰ(B)和Ⅴ]的介电常数要大于用玄武岩的试验道。该实验结果符合预期，因为石灰岩的介电常数大于玄武岩。

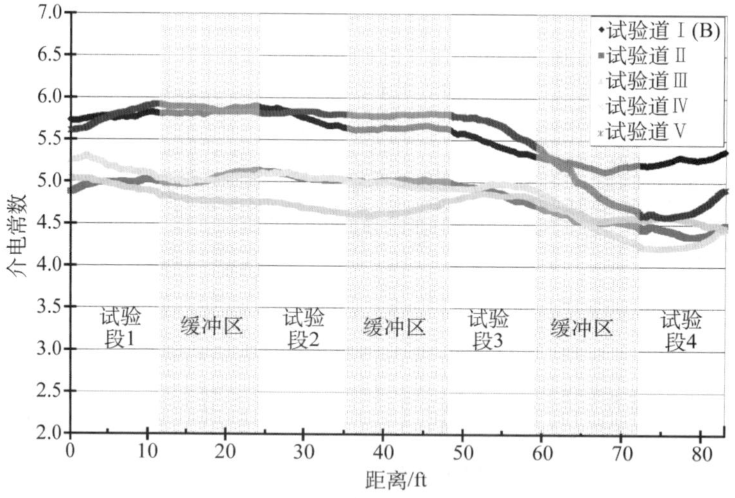

图 3-25　每个试验道的沥青路面介电常数图谱

在得到图 3-25 的沥青路面的介电常数数据后，就可以进一步通过式(3-6)和式(3-9)两个密度预测模型来预测各条试验道的密度。在式(3-6)和式(3-9)中，我们需要知道以下 6 个参数的取值：P_b，G_{se}，G_{mm}，G_b，ε_b和ε_s。如表 3-7 所示，参数 P_b，G_{se}和 G_{mm}的取值可以通过混合料设计信息得到。可以认为 G_b和 ε_b是常数，其值分别为 1.015，3。ε_s的数值取决于集料的类型和来源，该数据需要通过实验室数据或历史数据得到。

为了得到ε_s的准确取值，本课题采用了如下方法。对于试验道Ⅰ(B)至Ⅴ，我们从每个试验道的第一个试验段钻取一个芯样[图 3-11(b)]，并用实验室测得的芯样的密度和其相对应的探地雷达数据来反算ε_s的取值。表 3-7 给出了对应于两种不同的密度模型的ε_s取值。从该表可以看出，三条花岗岩试验道(Ⅱ，Ⅲ，Ⅳ)的ε_s数值相对接近，且小于石灰岩试验道(Ⅰ(B)和Ⅴ)的ε_s。

表 3-7　　　集料介电常数的反算结果

芯样	ε_{AC}	已知参数						反算参数 ε_s	
		G_{mb}	P_b/%	G_b	G_{se}	G_{mm}	ε_b	改进的 CRIM 模型	改进的 Bottcher 模型
Ⅰ(B)-1*	5.77	2.288	6.0	1.015	2.661	2.481	3	6.69	6.94
Ⅱ-1	4.99	2.362	5.4	1.015	2.682	2.528	3	5.48	5.73
Ⅲ-1	5.25	2.364	5.4	1.015	2.682	2.501	3	5.86	6.01
Ⅳ-1	5.00	2.371	6.4	1.015	2.679	2.468	3	5.47	5.65
Ⅴ-1	5.73	2.359	5.1	1.015	2.668	2.505	3	6.44	6.62

* Ⅰ(B)-1 代表Ⅰ(B)试验道中 1 号芯样。此规则适用于其他芯样号。

有了ε_s的数值后，就可以通过密度模型得到每条试验道的密度。为了验证密度模型的精度，在每个试验道额外钻取了 7 个芯样(图 3-11 中的芯样＃2 和＃8)用以比对实验室测得的密度数据与探地雷达预测得到的密度数据。实验室中，采用了浸水饱和面干法(AASHTO T166-07)和 Corelok 自动真空封装法(AASHTO T331-07)进行检测(图 3-26)来优化试验精度。浸水饱和面干法是最常用的空隙率小于 10%的混合料的室内密度检测法，所以该方法用以检测试验段 1，2，3 的芯样的密度，因为这几个试验段的空隙率满足该条件。而 Corelok 自动真空封装法更适用于大空隙率的试件，所以该方法用以检测试验段 4 的芯样的密度，因为试验段 4 的目标空隙率为 12%。

表 3-8—表 3-12 给出了两种密度模型的预测误差。可以看出，CRIM 模型的预测误差在 1.7%～4.0%的范围，而 Bottcher 模型的误差在 1.6%～3.9%的范围。对于所有 35 个芯样，CRIM 模型的平均误差为 2.7%，而 Bottcher 模型的平均误差为 2.5%。这表明两种模型均能实现较高的精度，但 Bottcher 模型的表现略优。

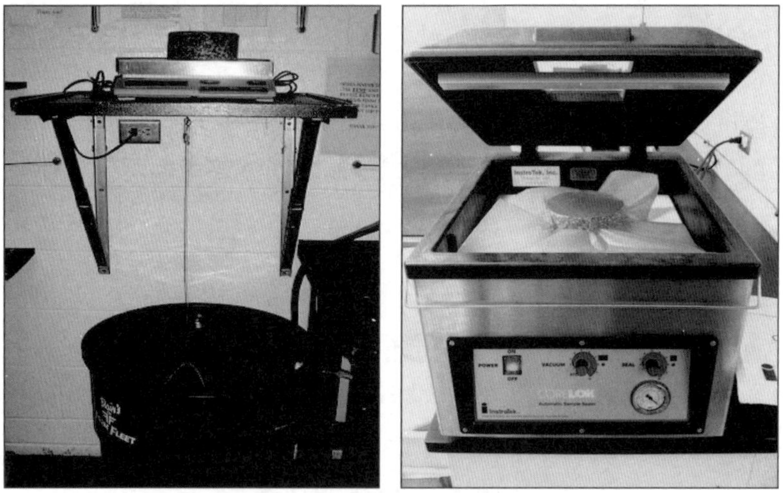

(a) 浸水饱和面干法　　　　(b) Corelok自动真空封装法

图 3-26　室内试验获取芯样密度 G_{mb}

表 3-8　　　　**G_{mb}预测值误差汇总[试验道Ⅰ(B)]**

芯样	位置	芯样 G_{mb}	芯样空隙率/%	ε_{AC}	改进的 CRIM 模型		改进的 Bottcher 模型	
					G_{mb}	误差*/%	G_{mb}	误差/%
Ⅰ(B)-2	1	2.314	6.7	5.78	2.291	1.0	2.291	1.0
Ⅰ(B)-3	2	2.309	6.9	5.77	2.288	0.9	2.288	0.9
Ⅰ(B)-4		2.286	7.9	5.66	2.250	1.5	2.251	1.5
Ⅰ(B)-5	3	2.216	11.0	5.49	2.192	1.1	2.194	1.0
Ⅰ(B)-6		2.211	12.4	5.35	2.143	3.1	2.146	2.9
Ⅰ(B)-7	4	2.188	15.2	5.28	2.118	3.2	2.123	3.0
Ⅰ(B)-8		2.177	13.6	5.37	2.150	1.3	2.153	1.1
平均预测误差/%					1.7		1.6	

* 误差率由预测毛体积密度值和芯样毛体积密度值差的绝对值与芯样毛体积密度值之比获得。

表 3-9　　　　**G_{mb}预测误差(混合料Ⅱ,试验道Ⅱ)**

芯样	位置	芯样 G_{mb}	芯样空隙率/%	ε_{AC}	改进的 CRIM 模型		改进的 Bottcher 模型	
					G_{mb}	误差*/%	G_{mb}	误差/%
Ⅱ-2	1	2.358	6.7	5.01	2.371	0.5	2.370	0.5
Ⅱ-3	2	2.358	6.7	5.08	2.400	1.8	2.400	1.8
Ⅱ-4		2.349	7.1	5.02	2.375	1.1	2.375	1.1

（续表）

芯样	位置	芯样 G_{mb}	芯样空隙率/%	ε_{AC}	改进的 CRIM 模型		改进的 Bottcher 模型	
					G_{mb}	误差*/%	G_{mb}	误差/%
Ⅱ-5	3	2.300	9.0	4.91	2.328	1.2	2.328	1.2
Ⅱ-6		2.294	9.2	4.77	2.267	1.2	2.268	1.1
Ⅱ-7	4	2.211	13.7	4.40	2.101	5.0	2.109	4.6
Ⅱ-8		2.200	13.0	4.41	2.106	4.3	2.113	4.0
平均预测误差/%					2.2		2.0	

* 误差率由预测毛体积密度值和芯样毛体积密度值差的绝对值与芯样毛体积密度值之比获得。

表 3-10　　G_{mb} 预测误差（混合料Ⅲ，试验道Ⅲ）

芯样	位置	芯样 G_{mb}	芯样空隙率/%	ε_{AC}	改进的 CRIM 模型		改进的 Bottcher 模型	
					G_{mb}	误差*/%	G_{mb}	误差/%
Ⅲ-2	1	2.353	5.9	5.12	2.312	1.8	2.316	1.6
Ⅲ-3	2	2.318	7.3	5.11	2.308	0.4	2.312	0.3
Ⅲ-4		2.297	8.2	5.05	2.283	0.6	2.288	0.4
Ⅲ-5	3	2.269	9.3	4.95	2.242	1.2	2.248	0.9
Ⅲ-6		2.259	9.7	4.96	2.246	0.6	2.252	0.3
Ⅲ-7	4	2.199	13.1	4.23	1.935	12.0	1.954	11.1
Ⅲ-8		2.168	13.3	4.37	1.996	7.9	2.012	7.2
平均预测误差/%					3.5		3.1	

* 误差率由预测毛体积密度值和芯样毛体积密度值差的绝对值与芯样毛体积密度值之比获得。

表 3-11　　G_{mb} 预测误差（混合料Ⅳ，试验道Ⅳ）

芯样	位置	芯样 G_{mb}	芯样空隙率/%	ε_{AC}	改进的 CRIM 模型		改进的 Bottcher 模型	
					G_{mb}	误差*/%	G_{mb}	误差/%
Ⅳ-2	1	2.327	5.7	4.91	2.332	0.2	2.333	0.2
Ⅳ-3	2	2.320	5.8	4.72	2.249	3.1	2.251	3.0
Ⅳ-4		2.251	8.8	4.64	2.214	1.7	2.216	1.6
Ⅳ-5	3	2.269	8.1	4.87	2.315	2.0	2.315	2.0
Ⅳ-6		2.247	9.0	4.84	2.302	2.5	2.303	2.4
Ⅳ-7	4	2.218	10.6	4.59	2.191	1.2	2.195	1.1
Ⅳ-8		2.204	12.1	4.49	2.146	2.6	2.151	2.4
平均预测误差/%					1.9		1.8	

* 误差率由预测毛体积密度值和芯样毛体积密度值差的绝对值与芯样毛体积密度值之比获得。

表 3-12　　G_{mb} 预测误差（混合料Ⅴ，试验道Ⅴ）

芯样	位置	芯样 G_{mb}	芯样空隙率/%	ε_{AC}	改进的 CRIM 模型		改进的 Bottcher 模型	
					G_{mb}	误差*/%	G_{mb}	误差/%
V-2	1	2.333	6.9	5.87	2.408	3.2	2.408	3.3
V-3	2	2.328	7.1	5.83	2.394	2.8	2.394	2.9
V-4		2.308	7.9	5.79	2.380	3.1	2.380	3.2
V-5	3	2.302	8.1	5.74	2.363	2.6	2.363	2.7
V-6		2.270	9.4	5.51	2.280	0.5	2.281	0.5
V-7	4	2.151	13.5	4.60	1.938	9.9	1.953	9.2
V-8		2.153	11.4	4.82	2.023	6.0	2.034	5.5
平均预测误差/%					4.0		3.9	

* 误差率由预测毛体积密度值和芯样毛体积密度值差的绝对值与芯样毛体积密度值之比获得。

3.3.4 模型优化

试验场数据表明两种密度模型均能提高较高的混合料密度预测精度。但是，表 3-8—表 3-12 的数据表明，当用试验段 1 的芯样数据校核模型时，试验段 4 的预测误差总体来说要高于试验段 1—3 的误差。为了改进密度模型。该研究对密度模型进行了进一步优化。对比上述两个模型，Bottcher 模型表现较优。但是，Bottcher 模型是基于混合料所有填充物均为球形的假设，这并不适用于真实的混合料集料和空隙。因此，该假设可能导致模型预测的误差。

根据 Behari 的研究（2005），如果混合料的填充物为非球形，Bottcher 模型可以改写成如下的带有形状参数 u 的模型：

$$\frac{\varepsilon_{eff}-\varepsilon_0}{\varepsilon_{eff}+u\varepsilon_0+2(\varepsilon_{eff}-\varepsilon_0)}=\sum_{i=1}^{N}V_i\frac{\varepsilon_i-\varepsilon_0}{\varepsilon_i+u\varepsilon_0+2(\varepsilon_{eff}-\varepsilon_0)} \tag{3-11}$$

参数 u 的取值取决于填充物的形状。当填充物为球形时，u 的取值为 2。可以发现，当 u 等于 2 时，式(3-11)就成了 Bottcher 模型。

采用本书 3.1.2 节同样的推导过程，可以得到如下的密度预测模型：

$$G_{mb}=\frac{\dfrac{\varepsilon_{AC}-\varepsilon_b}{3\varepsilon_{AC}+(u-2)\varepsilon_b}-\dfrac{1-\varepsilon_b}{1+(u-2)\varepsilon_b+2\varepsilon_{AC}}}{\left[\dfrac{\varepsilon_s-\varepsilon_b}{\varepsilon_s+(u-2)\varepsilon_b+2\varepsilon_{AC}}\right]\left(\dfrac{1-P_b}{G_{se}}\right)-\left[\dfrac{1-\varepsilon_b}{1+(u-2)\varepsilon_b+2\varepsilon_{AC}}\right]\left(\dfrac{1}{G_{mm}}\right)} \tag{3-12}$$

式中，u 是形状参数，其他参数的定义参见图 3-3。显而易见，改进的 Bottcher 模型简化式(3-9)是式(3-12)在 u 取值为 2 时的特例。

由于沥青混合料中的集料和空隙不是球形，因此形状参数的取值不等于 2。为了找到试验场中的各种混合料的合理的形状参数取值，对每条试验道的 G_{mb}-ε_{AC} 数据通过式(3-12)进行了非线性最小方差回归。形状参数(u)和集料的介电常数(ε_s)的取值通过回归得到。表 3-7 给出了式(3-12)中其他参数的取值。表 3-13 给出了 u 和 ε_s 的最佳取值。从该表可以看出，形状参数的最佳取值在从 −0.5 到 0.0 的很小范围内。

表 3-13　不同混合料的最佳形状参数取值

混合料	Ⅰ	Ⅱ	Ⅲ	Ⅳ	Ⅴ
形状参数	0.0	−0.1	−0.3	−0.1	−0.5
集料介电常数	7.2	6.0	6.4	5.9	7.3

表 3-14 给出了每种沥青混合料在不同的形状参数取值时的单独的误差平方和及总的误差平方和。如图 3-27 所示，当形状参数为 −0.3 时，总的误差平方和最小。因此，−0.3 是适用于 5 种不同混合料的最佳形状参数。

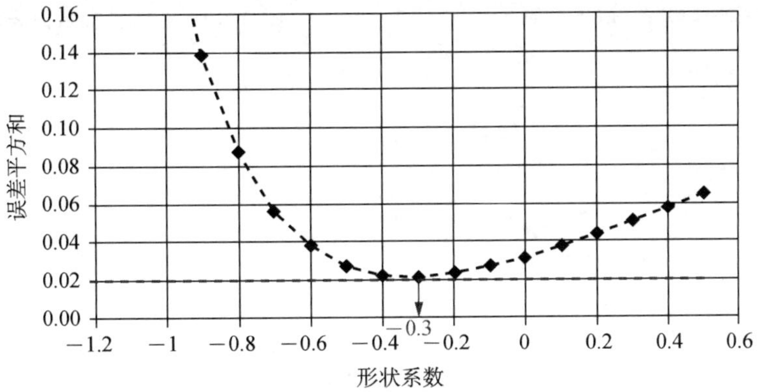

图 3-27　误差平方和与不同形状系数之间的关系

当形状参数取值为 −0.3 时，式(3-12)可以写成：

$$G_{mb}=\frac{\dfrac{\varepsilon_{AC}-\varepsilon_b}{3\varepsilon_{AC}-2.3\varepsilon_b}-\dfrac{1-\varepsilon_b}{1-2.3\varepsilon_b+2\varepsilon_{AC}}}{\left(\dfrac{\varepsilon_s-\varepsilon_b}{\varepsilon_s-2.3\varepsilon_b+2\varepsilon_{AC}}\right)\left(\dfrac{1-P_b}{G_{sb}}\right)-\left(\dfrac{1-\varepsilon_b}{1-2.3\varepsilon_b+2\varepsilon_{AC}}\right)\left(\dfrac{1}{G_{mm}}\right)} \tag{3-13}$$

该模型被命名为 ALL(Al-Qadi Lahouar Leng)模型。

图 3-28—图 3-32 给出了 CRIM 模型、Bottcher 模型和 ALL 模型对混合料Ⅰ—Ⅴ的回归曲线比较。显而易见，ALL 模型的表现最优。表 3-14 给出了 3 种模型应用于 5 种不同的混合料时的累计平方误差。可以看出，ALL 模型的误差远小于其他两个模型。所以，基于试验场的数据，ALL 模型被选为最优密度预测模型。它的预测精度将进一步通过服役路面的现场数据来验证。

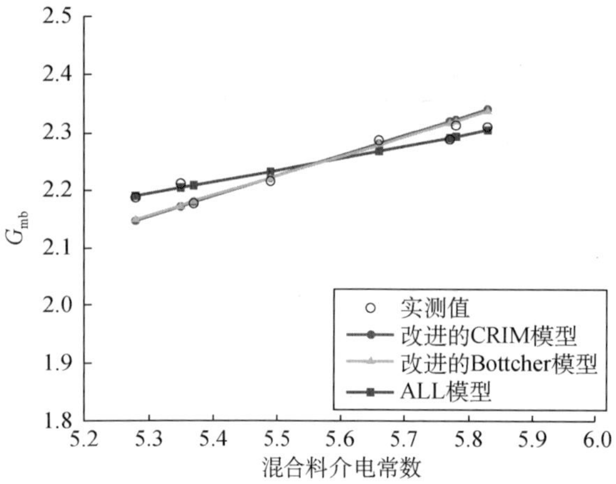

图 3-28　非线性拟合曲线(混合料Ⅰ)

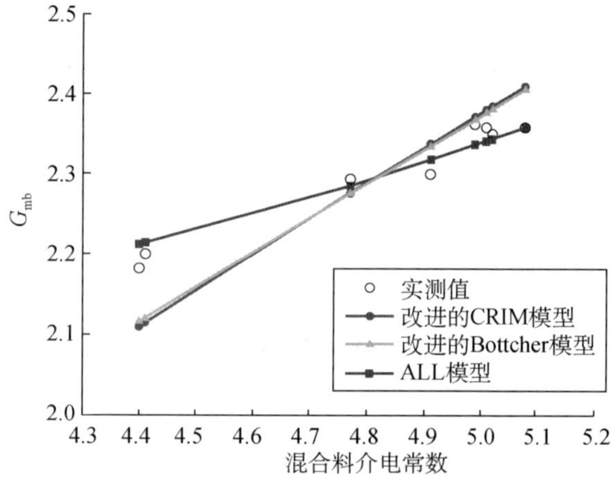

图 3-29　非线性拟合曲线(混合料Ⅱ)

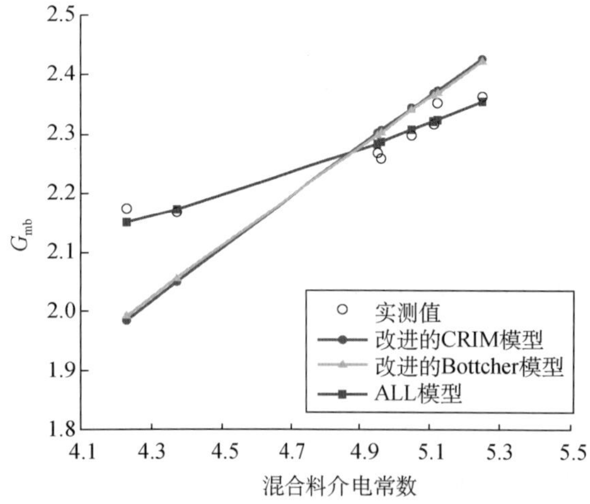

图 3-30　非线性拟合曲线(混合料Ⅲ)

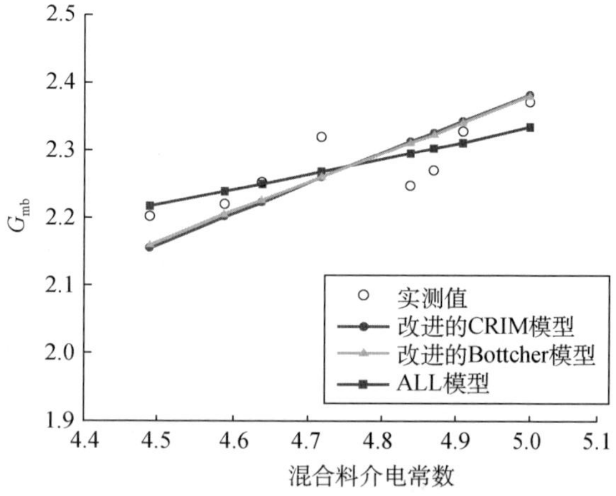

图 3-31　非线性拟合曲线(混合料Ⅳ)

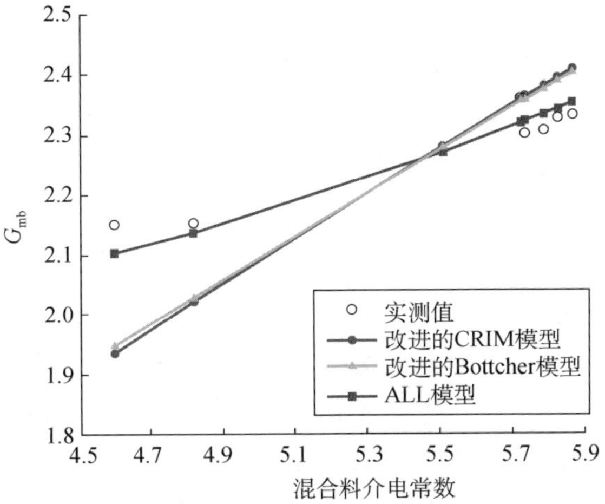

图 3-32　非线性拟合曲线(混合料Ⅴ)

表 3-14　　**非线性拟合后的累计均方差**

形状参数	均方差					累计均方差
	混合料Ⅰ	混合料Ⅱ	混合料Ⅲ	混合料Ⅳ	混合料Ⅴ	
−1.0	0.010 0	0.064 6	0.084 5	0.029 5	0.030 8	0.219 4
−0.9	0.007 7	0.041 4	0.049 5	0.021 6	0.017 8	0.138
−0.8	0.005 9	0.026 7	0.028 2	0.016 7	0.009 9	0.087 4
−0.7	0.004 6	0.017 2	0.015 5	0.013 5	0.005 4	0.056 2
−0.6	0.003 7	0.011 0	0.008 1	0.011 4	0.003 3	0.037 5
−0.5	0.003 0	0.006 9	0.004 2	0.010 0	0.002 9	0.027
−0.4	0.002 4	0.004 3	0.002 6	0.009 1	0.003 7	0.022 1
−0.3	0.002 1	0.002 6	0.002 5	0.008 6	0.005 3	0.021 1
−0.2	0.001 8	0.001 7	0.003 4	0.008 3	0.007 6	0.022 8
−0.1	0.001 7	0.001 3	0.005 0	0.008 1	0.010 3	0.026 4
0	0.001 6	0.001 3	0.007 1	0.008 1	0.013 2	0.031 3
0.1	0.001 6	0.001 5	0.009 4	0.008 2	0.016 3	0.037
0.2	0.001 6	0.001 9	0.012 0	0.008 4	0.019 6	0.043 5
0.3	0.001 7	0.002 5	0.014 6	0.008 6	0.022 9	0.050 3
0.4	0.001 8	0.003 2	0.017 3	0.008 8	0.026 3	0.057 4
0.5	0.001 9	0.004 0	0.020 1	0.009 1	0.029 6	0.064 7

3.4 基于服役路面数据的模型验证

基于试验场数据，ALL 模型具有最优的沥青混合料密度预测精度。为了进一步验证该模型，本研究对服役路面进行了现场数据采集。

3.4.1 服役路面工地信息

如图 3-33 所示，服役路面的施工现场位于美国伊利诺伊州芝加哥地区的在 Barlett 路和 Glen Lake 路之间 IL-72 公路。该路段总长为 5.26 m。旧路为混凝土路面加铺的沥青路面。由于旧路破损，将在原有路面上加铺 5 cm 厚的沥青面层。如表 3-15 所列，该加铺路段共使用 6 种沥青混合料，包括两种传统的混合料和 4 种新设计的混合料。选用不同沥青混合料修筑该路段的目的是为了评估 4 种新混合料的路用表现。特别要指出的是，这 6 种混合料中，有 3 种混合料采用钢渣替代了部分集料。抗滑面层混合料使用了 36%的钢渣，12.5 mm 的 SMA 使用了 57%的钢渣；钢渣纤维混合料使用了 20%的钢渣。本书附录 C 给出了每种混合料集料类型的详尽信息。

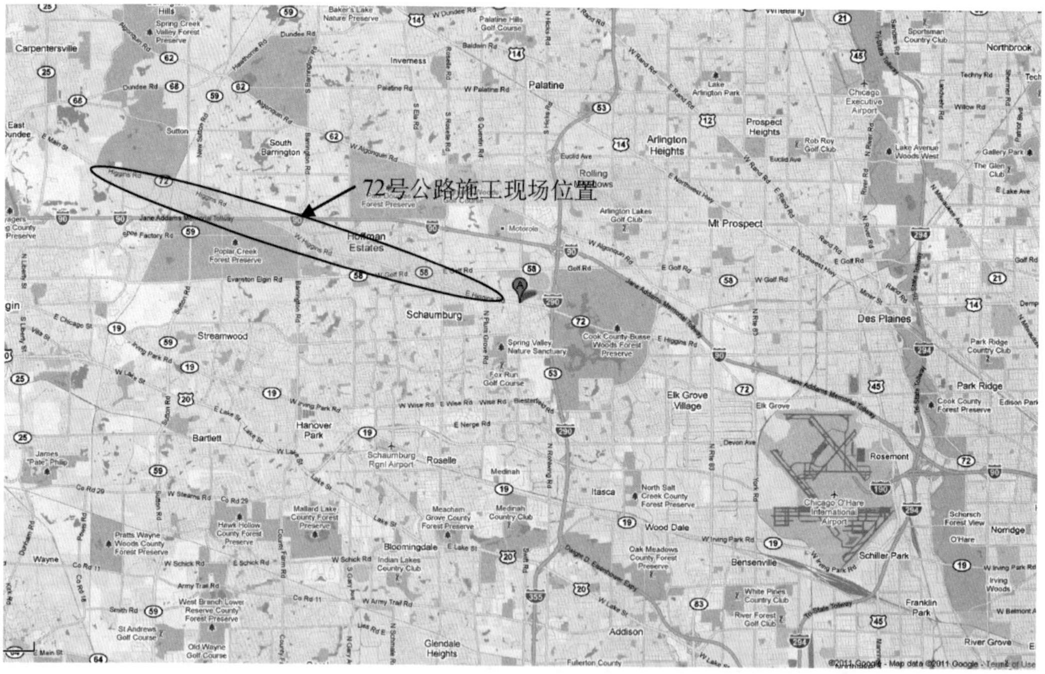

图 3-33 施工位置示意

表 3-15　　施工现场使用的混合料信息

混合料种类		最大公称粒径/mm	级配	胶结料	沥青含量/%
新混合料	石英岩混合料	9.5	细级配	PG 70-22	5.8
	4.75 mm SMA	4.75	SMA	PG 70-22	7.3
	碎石混合料	9.5	细级配	PG 70-22	6.1
	钢渣纤维混合料	9.5	细级配	PG 70-22	5.7
已知混合料	抗滑混合料	9.5	粗级配	PG 70-22	5.1
	12.5 mm SMA	12.5	SMA	PG 76-22	6.0

3.4.2　服役路面数据采集

服役路面数据采集的探地雷达设备与试验场中使用的设备相同(图 3-23)。服役路面的数据采集主要有三个目的:

(1) 研究混合料压实程度和探地雷达数据的关系;

(2) 评估混合料温度对探地雷达数据的影响;

(3) 验证 ALL 密度预测模型的精度。

在沥青路面压实过程中,混合料的空隙率会逐渐变小,借此可以改变探地雷达的接收信号。为了研究探地雷达数据与压路机所做的压实功之间的关系,在施工过程中,在选择的位置处采集了压路机不同压实次数后的静态探地雷达数据,如图 3-34 所示。

图 3-34　压实过程中探地雷达的数据采集

因为混合料在压实过程中的温度要远高于使用过程中的温度，故需要获取材料温度对探地雷达数据的影响。为了量化评估这种影响，在施工现场对同一个位置在压实后冷却过程中不同的温度下进行探地雷达数据采集。在每次雷达数据采集前通过红外温度枪测得路面温度。如图 3-35 所示，为了对 ALL 模型进行精度验证，对每种沥青混合料进行了如下步骤的数据采集：

（1）在选择的位置处使用核子密度仪进行数据检测；

（2）在同样的位置进行探地雷达静态扫描的数据检测；

（3）在核子密度仪和探地雷达检测的同样位置，钻芯取样并对芯样的密度进行实验室检测。

(a) 核子密度仪　　(b) 探地雷达　　(c) 钻芯取样

图 3-35　现场路面数据采集

在该路段的 6 种混合料中，对其中的 5 种混合料进行了数据采集，即石英岩混合料、4.75 mm SMA 混合料、碎石混合料、钢渣纤维混合料和抗滑混合料。如图 3-36 所示，对每种混合料，在左侧轮迹、右侧轮迹及中心轮迹处分别钻取两个芯样，总共 6 个芯样。

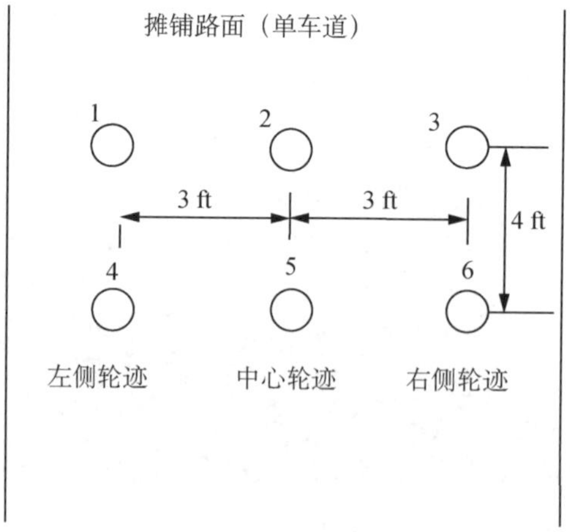

图 3-36　每个测试点的钻芯取样位置

3.4.3 探地雷达数据与压路机压实次数关系

图 3-37 是 12.5 mm SMA 和 4.75 mm SMA 的探地雷达反射信号与压路机压实次数之间的压实关系曲线。从该图可看出，探地雷达信号的反射强度随着压实次数的增加而变大。但当压实次数在 6 次以上时，雷达信号的反射强度不再发生显著变化，表明沥青混合料已经达到了最大压实度。这样的压实关系曲线可以用来确定实现沥青路面最大压实度所需的压实次数。同时，对应于最大压实度的雷达信号的反射波强度可以用来评估其他位置的压实程度。这里需要指出的是，由于 12.5 mm SMA 中使用了大量钢渣，而 4.75 mm SMA 中未使用钢渣，所以 12.5 mm SMA 的反射信号强度要大于 4.75 mm SMA 的反射信号强度。

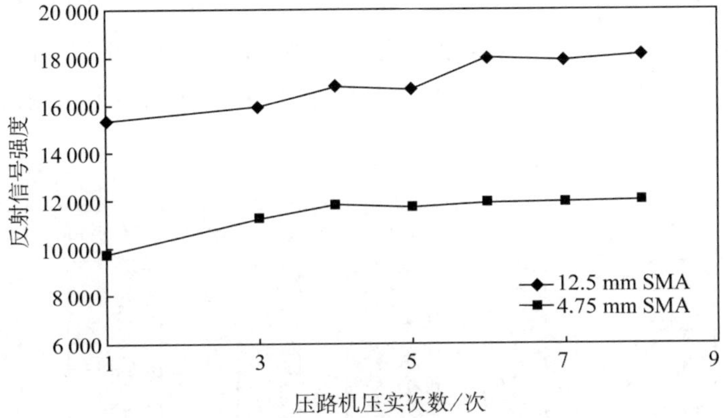

图 3-37 探地雷达反射信号强度随压实次数变化曲线

3.4.4 混合料温度对探地雷达数据的影响

图 3-38 是 12.5 mm SMA 的探地雷达反射信号强度与混合料温度之间的关系曲线。从该图可以看出，除了一些随机的波动，雷达反射信号的强度在 90～190℉(32～88℃)的温度范围里基本保持不变。这表明在测试温度范围里，混合料的温度对密度模型的影响可以忽略。

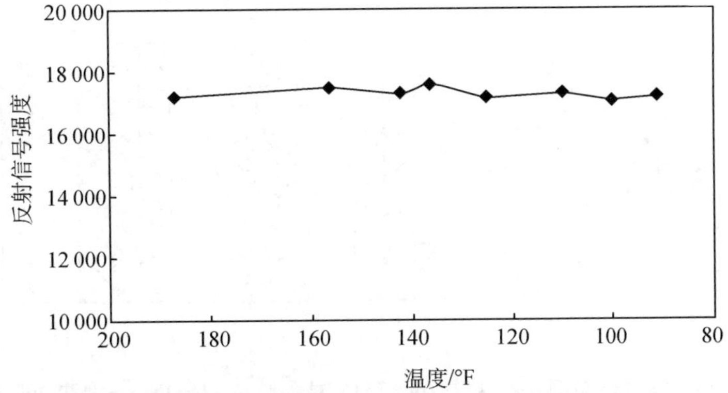

图 3-38 探地雷达反射信号强度随混合料温度变化曲线

3.4.5 基于服役路面数据的模型验证

为了验证 ALL 模型的精度，通过三种不同的室内试验方法检测服役路面芯样的密度：饱和面干法(SSD)、Corelok 真空法(Corelok)及尺寸测量法(Physical)。饱和面干法是最常用的实验室混合料毛体积密度测试方法。Corelok 真空法是一种相对较新但已逐渐被采用的方法。现有研究表明该方法对于大空隙的混合料比饱和面干法精度高。尺寸测量法基于对芯样的直径和高度的测量，从而计算其体积。三种测试方法的数据可以相互验证以确保实验结果的可靠性。

图 3-39—图 3-43 给出了 5 种混合料用不同方法测得的毛体积密度数据。可以看出，饱和面干法和 Corelok 真空法总体来说测得的毛体积密度非常接近，但尺寸测量法测得的毛体积密度与这两种方法相比差别较大。这可能是因为尺寸测量法过度估计了试样的体积。表 3-16 给出了以饱和面干法为参照的 3 种方法的差别。因为饱和面干法和 Corelok 真空法测得的毛体积密度非常接近，故使用饱和面干法测得的数据来验证探地雷达预测密度的精度。

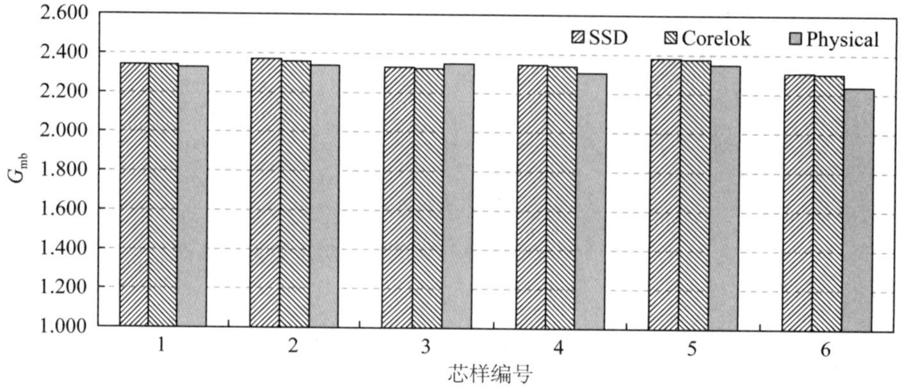

图 3-39　室内试验测得的石英岩混合料 G_{mb}(SSD——饱和面干法；Corelok——Corelok 真空法；Physical——尺寸测量法)

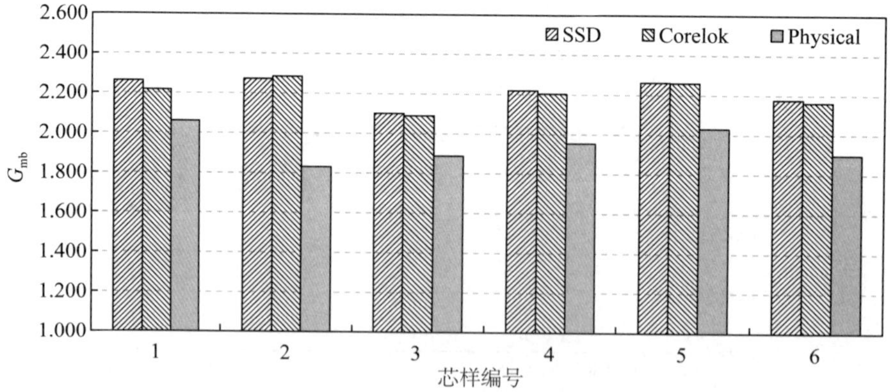

图 3-40　室内试验测得的 4.75 mm SMA 混合料 G_{mb}(SSD——饱和面干法；Corelok——Corelok 真空法；Physical——尺寸测量法)

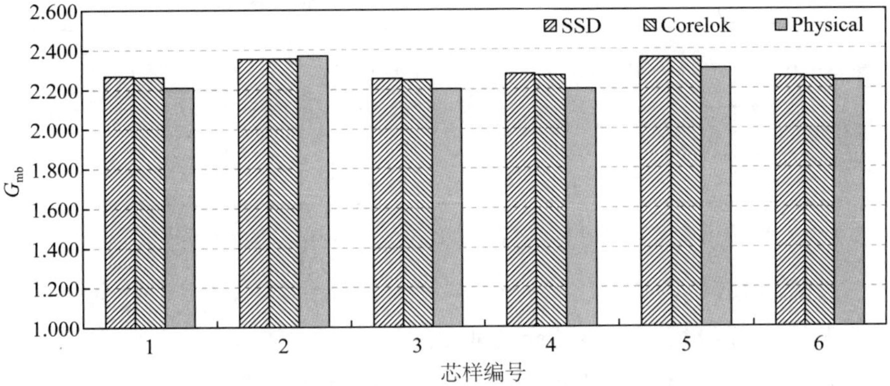

图 3-41　室内试验测得的碎石混合料 G_{mb}（SSD——饱和面干法；Corelok——Corelok 真空法；Physical——尺寸测量法）

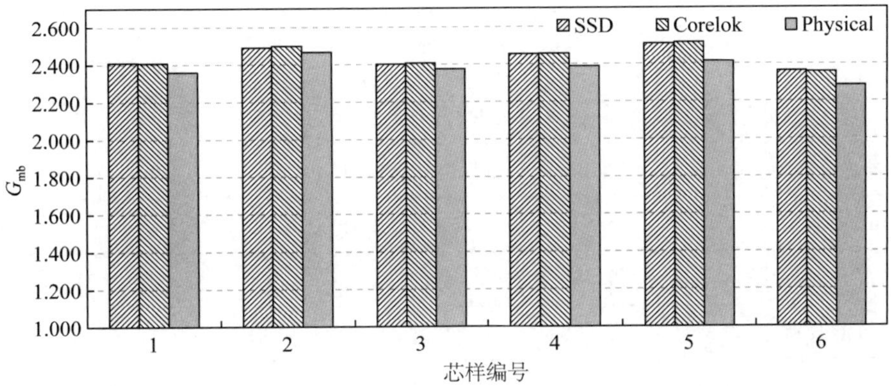

图 3-42　室内试验测得的钢渣纤维混合料 G_{mb}（SSD——饱和面干法；Corelok——Corelok 真空法；Physical——尺寸测量法）

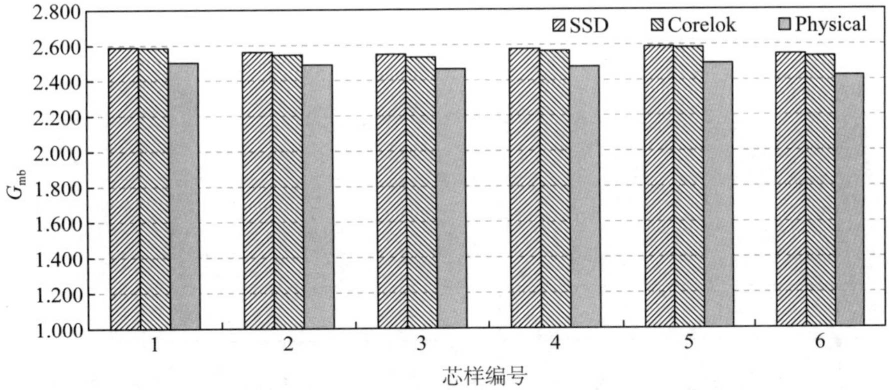

图 3-43　室内试验测得的抗滑混合料 G_{mb}（SSD——饱和面干法；Corelok——Corelok 真空法；Physical——尺寸测量法）

表 3-16　不同室内试验方法获取的 G_{mb} 的相对误差

室内试验方法比较	石英岩混合料	4.75 mm SMA	碎石混合料	钢渣纤维混合料	抗滑混合料
SSD 与 Corelok	0.3%	0.7%	0.2%	0.2%	0.4%
SSD 与 Physical	1.3%	11.7%	1.9%	2.4%	3.2%

* 误差率由预测毛体积密度值和芯样毛体积密度值差的绝对值与芯样毛体积密度值之比获得。

为了使用雷达数据及 ALL 模型预测芯样的毛体积密度，采用两个轮迹带之间的芯样（芯样 2 和 5）来反算得到集料的介电常数（图 3-36）。表 3-17 给出了 ALL 模型中其他参数的取值。表 3-18 中给出的芯样 2 和芯样 5 的 ε_{AC} 和 G_{mb} 用来反算每种混合料的 ε_s。

表 3-17　混合料各组分介电常数和体积参数

混合料	沥青含量 P_b/%	混合料饱和面干密度 G_{mm}	集料有效相对密度 G_{se}	沥青相对密度 G_b	沥青介电常数 ε_b	集料介电常数 ε_s		
						芯样 2	芯样 5	平均值
石英岩混合料	5.8	2.504	2.744	1.015	3	7.47	7.72	7.60
4.75 mm SMA	7.3	2.454	2.753	1.015	3	7.55	7.64	7.60
碎石混合料	6.1	2.500	2.750	1.015	3	8.16	7.93	8.05
钢渣纤维混合料	5.7	2.606	2.870	1.015	3	10.30	10.53	10.42
抗滑混合料	5.1	2.700	2.958	1.015	3	12.28	11.63	11.96

表 3-18　实测 G_{mb} 和 ε_{AC} 值

混合料	芯样 2		芯样 5	
	G_{mb}	ε_{AC}	G_{mb}	ε_{AC}
石英岩混合料	2.371	6.0	2.381	6.3
4.75 mm SMA	2.272	5.7	2.263	5.7
碎石混合料	2.353	6.4	2.357	6.3
钢渣纤维混合料	2.481	8.1	2.462	8.2
抗滑混合料	2.563	9.6	2.589	9.3

使用表 3-17 中的参数及探地雷达测得的 ε_{AC}，可以得到 1，3，4，6 等每种混合料芯样的 G_{mb}。表 3-19 给出了 ALL 模型预测得到的 G_{mb} 以及与实验室测得的 G_{mb} 相比的预测误差。作为比较，表 3-19 中也列出了使用核子密度仪预测得到的密度及相应的

误差。

表 3-19　　探地雷达和核子密度仪的密度预测结果以及误差

混合料芯样编号		SSD G_{mb}	空隙率/%	GPR		核子密度仪	
				G_{mb}	误差*/%	G_{mb}	误差*/%
石英岩混合料	1	2.342	6.5	2.322	0.8	2.384	1.8
	3	2.331	5.8	2.320	0.5	2.346	0.6
	4	2.346	7.2	2.369	1.0	2.384	1.6
	6	2.307	6.6	2.259	2.1	2.324	0.7
4.75 mm SMA	1	2.261	5.1	2.225	1.6	2.287	1.1
	3	2.102	8.1	2.106	0.2	2.250	7.0
	4	2.219	9.7	2.206	0.6	2.245	1.2
	6	2.176	6.9	2.168	0.4	2.241	3.0
碎石混合料	1	2.268	14.8	2.289	0.9	2.273	0.2
	3	2.255	10.2	2.261	0.3	2.340	3.8
	4	2.276	7.9	2.272	0.2	2.313	1.6
	6	2.262	11.9	2.250	0.6	2.310	2.1
纤维/钢渣混合料	1	2.402	9.5	2.424	0.9	2.413	0.5
	3	2.372	5.8	2.479	4.5	2.408	1.5
	4	2.478	10.1	2.456	0.9	2.450	1.1
	6	2.356	9.3	2.390	1.5	2.421	2.8
抗滑混合料	1	2.589	5.7	2.684	3.7	2.630	1.6
	3	2.549	9.7	2.705	6.1	2.530	0.7
	4	2.577	7.9	2.618	1.6	2.541	1.4
	6	2.547	4.6	2.554	0.3	2.584	1.5

* 误差由探地雷达预测值与 SSD 法测量值的绝对值差除以后者得到。

图 3-44 给出了几种混合材料探地雷达法和核子密度仪法的预测误差。从图中可以看出，对于不含钢渣的混合料，即石英石混合料、4.75 mm SMA 和碎石混合料，探地雷达的精度要优于核子密度仪。但是，对于含钢渣的两种混合料：纤维钢渣混合料以及抗滑混合料，探地雷达的精度不如核子密度仪。对于不含钢渣的沥青混合料，探地雷达的预测误差在 0.5%～1.1%。对于含钢渣的混合料，探地雷达的较大误差主要是因为混合料中含有金属材料。因为金属材料可以认为具有无穷大的介电常数，而且它们在混合料中呈不均匀分布，会对电磁波的反射和衰减有较大影响，所以探地雷达对于含钢

渣混合料的密度预测会有相对较大的变异性。

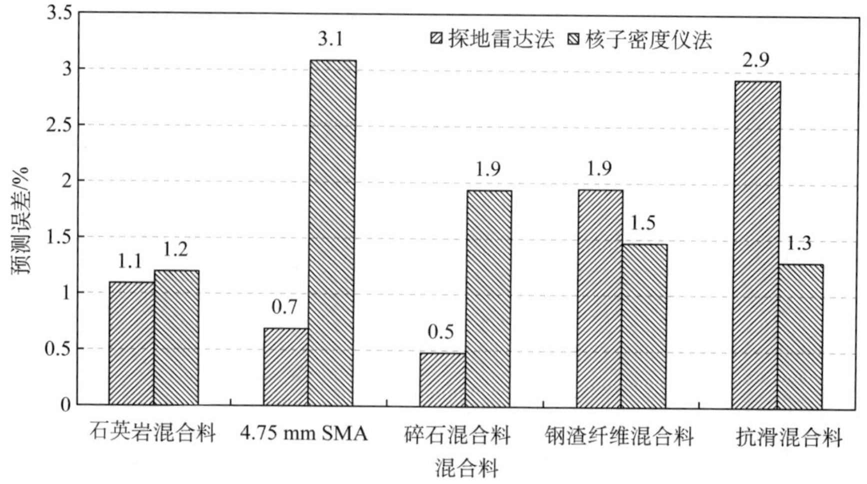

图 3-44　探地雷达法和核子密度仪法预测误差

综上所述，服役路面的数据成功验证了 ALL 模型对混合料密度预测的精度。总体而言，当使用 ALL 模型预测沥青混合料的现场密度时，探地雷达法的表现和传统的核子密度仪法相近，甚至更优于核子密度仪法。

4 压实过程路表水信号的噪声处理

本章主要介绍在使用探地雷达进行实时压实控制过程中的路表水信号降噪算法。在压实过程中，压路机需要持续向钢轮或充气轮胎表面喷洒水雾以防止沥青混合料粘在轮面上，继而影响压实效果。这导致部分喷洒的水会滞留在正在被压实的沥青路表面上。由于水的介电常数(81)远大于沥青混合料的介电常数(多数在 4～8)，路表水的存在会增加探地雷达信号中的路表面反射值，继而导致表层路面沥青混合料介电常数以及密度的过度估计(根据前文述及的 ALL 密度预测模型，介电常数的预测值变大会导致密度的预测值大于真实值)。本章将使用数值模拟和现场试验的方法探究路表水对介电常数和密度测量值的影响，并提出一系列基于数字信号处理的路表水信号降噪算法。

4.1 GPR 信号传播的数值模拟

4.1.1 FDTD 数值模拟

电磁数值方法(Computational Electromagnetics，CEM)在电磁波的理论研究和相应分析中得到了蓬勃发展。该方法大致可分为两类，即时域法和频域法。时域有限差分法(Finite Difference Time Domain，FDTD)属于时域法中应用最广泛的一种，这种方法将电磁波的传播过程在时域网格化，继而使用麦克斯韦方程组计算出对应的电磁波特性。FDTD 方法尤其适用于宽带场和瞬时场中的电磁波传导问题(Chew，1995；Jin，2010)。在本章的数值模拟中，探地雷达的信号在 FDTD 中被模拟成一个超宽带宽的单站信号。

三维的 FDTD 可以模拟出电磁波在空间中的传播特性。然而，三维模型的计算过程对计算机硬件的要求较高，计算效率偏低。由于道路层间结构变化在汽车行驶方向上可以忽略(针对深度方向变化而言)(Belli et al.，2009)，本章只使用二维的 FDTD 模型，即截取道路的某个横截面进行模拟。

Yee(1966)提出了成熟的 FDTD 数值模拟理论。在经典的二维 Yee 模型中，Z 方向(三维方向，在本书中即为汽车行驶方向)不具有任何形状和位置上的变化。电磁波源在 Z 方向上也完全相同。于是，二维 Yee 模型中的麦克斯韦方程如下所示：

$$\frac{\partial E_z}{\partial y} = -\mu \frac{\partial H_x}{\partial t} \tag{4-1}$$

$$\frac{\partial E_z}{\partial x} = \mu \frac{\partial H_y}{\partial t} \tag{4-2}$$

$$\frac{\partial H_y}{\partial x} - \frac{\partial H_x}{\partial y} = \varepsilon \frac{\partial E_z}{\partial t} + \sigma E_z + J_z \tag{4-3}$$

式中　E_z ——电场在 Z 方向的分量；

H_x，H_y ——磁场在 X 方向和 Y 方向上的分量；

μ，ε，σ ——材料的磁导率、电容率和电导率；

J_z ——电磁波源在 Z 方向的电流密度。

Yee 提出了在时域中使用网格化进行麦克斯韦方程计算的方法，该方法的最小单元是矩形时域网格，如图 4-1 所示。

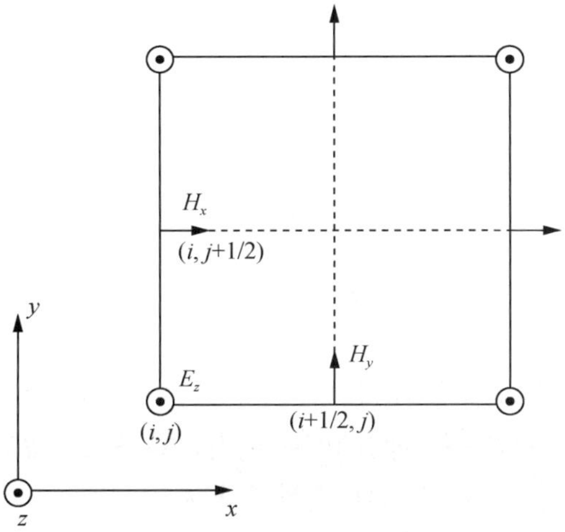

图 4-1　FDTD 时域网格划分

在网格中，电场以 $t=n\Delta t$ 的频率采样，磁场以 $t=(n+0.5)\Delta t$ 的频率采样，这样式(4-1)中的连续方程变成了离散方程，如下式所示：

$$\frac{E_z^n(i, j+1)-E_z^n(i, j)}{\Delta y}=-\mu\frac{H_x^{n+0.5}(i, j+0.5)-H_x^{n-0.5}(i, j+0.5)}{\Delta t} \tag{4-4}$$

式中　t——数值模拟的总时间；

Δt ——每个时间步的时长；

Δy ——Y 方向网格的尺寸；

$E_z^n(i, j)$ ——沿 Z 方向在 $t=n\Delta t$ 和位置 (i, j) 的电场值；

$E_z^n(i, j+1)$ ——电场在位置 $(i, j+1)$ 的电场值；

$H_x^{n+0.5}(i, j+0.5)$—— 沿 X 方向上在 $t=(n+0.5)\Delta t$ 和 $(i, j+0.5)$ 的磁场分量；

$H_x^{n-0.5}(i, j+0.5)$ ——在 $t=(n-0.5)\Delta t$ 的磁场分量值。

由此可得，基于时间步的麦克斯韦方程：

$$H_x^{n+0.5}(i, j+0.5)=H_x^{n-0.5}(i, j+0.5)-\frac{\Delta t}{\mu\Delta y}[E_z^n(i, j+1)-E_z^n(i, j)] \tag{4-5}$$

$$H_y^{n+0.5}(i+0.5, j)=H_y^{n-0.5}(i+0.5, j)+\frac{\Delta t}{\mu\Delta x}[E_z^n(i+1, j)-E_z^n(i, j)] \tag{4-6}$$

$$E_z^{n+1}(i,j)=\frac{1}{\beta(i,j)}\{\alpha(i,j)E_z^n(i,j)+\frac{1}{\Delta x}[H_y^{n+0.5}(i+0.5,j)-H_y^{n+0.5}(i-0.5,j)]-\frac{1}{\Delta y}[H_x^{n+0.5}(i,j+0.5)-H_x^{n+0.5}(i,j-0.5)]-J_z^{n+0.5}(i,j)\} \tag{4-7}$$

其中：

$$\alpha=\frac{\varepsilon}{\Delta t}-\frac{\sigma}{2} \tag{4-8}$$

$$\beta=\frac{\varepsilon}{\Delta t}+\frac{\sigma}{2} \tag{4-9}$$

根据 E_z，H_x，H_y 的初始值，由式(4-5)—式(4-9)可得到每一个时间步的电场值和磁场值。在电磁波传播时间和空间的网格化中，Δx 和 Δy 需要足够小以分别达到时域和空间域分辨率的要求。FDTD 的稳定性要求为

$$\Delta t\leqslant\frac{1}{\frac{1}{\sqrt{\varepsilon\mu}}\sqrt{\frac{1}{(\Delta x)^2}+\frac{1}{(\Delta y)^2}}} \tag{4-10}$$

在 FDTD 模型中，边界吸收层用来截取有限的空间并进行电磁波传播的模拟。完全匹配层(PML)是模型边界的一种完全不会产生任何电磁波反射和折射的材料，这种材料可吸收不同频率、极化方向和入射角度的电磁波。在本章的数值模拟中，PML 被离散化为若干层，每一层都会对电磁波起到耗散吸收效果。衰减系数为

$$\sigma_{x,y,z}=\sigma_{\max}\left(\frac{l}{L}\right)^m \tag{4-11}$$

式中 l——距离 PML 第一层的垂直距离；

L——PML 的总层厚；

$\sigma_{\max}$——PML 层中最大的电导率。

对于一个目标反射系数值 $R(0)$，$\sigma_{\max}$ 可由式(4-12)得到：

$$\sigma_{\max}=\frac{m+1}{2\eta L}\ln|R(0)| \tag{4-12}$$

式中 m——多项式的阶数；

η——材料的电学阻抗。

4.1.2 基于 FDTD 的探地雷达信号数值模拟

本章借助开源的 GprMax 进行 FDTD 数值模拟。GprMax 使用 Python 软件将 Yee 公式进行编译，在时域中进行电磁波的模拟和相关分量的计算（Warren et al.，2016）。GprMax 允许用户自行定义材料的几何特性、本构关系以及电磁波源的信号特征。图 4-2 是本章使用的 GprMax 路面模型示意图。二维的道路模型分为路面层和路基层，对应的厚度 h 以及介电常数 ε 均标记在图中。二维模型为 0.7 m 宽，使用的时域网格尺寸为 2.5 mm。模拟的探地雷达天线距离路面高度 0.5 m，发射天线（Tx）和接受天线（Rx）仅距离 2.5 mm 以达到单站天线垂直入射路面结构的目的。PML 层由 20 层组成，用以完全吸收电磁波在模型边界上的反射。

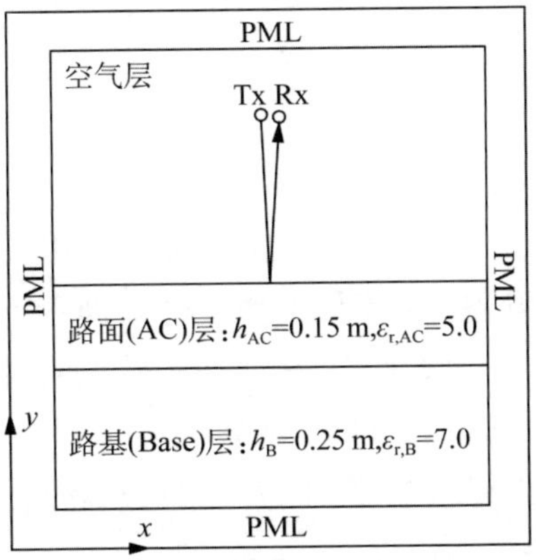

(a) 干燥路面

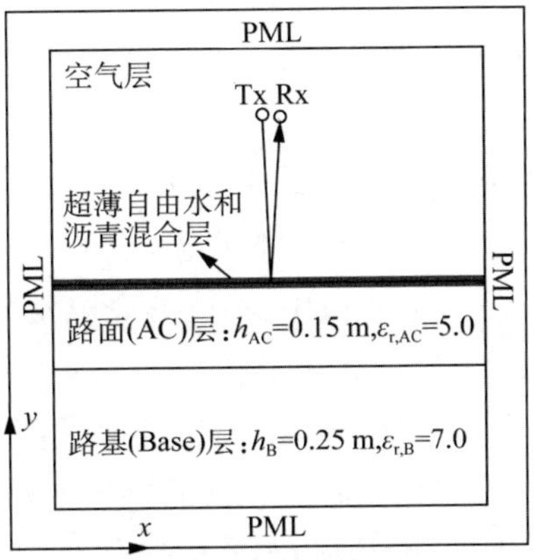

(b) 含有路表水的路面

图 4-2 FDTD 数值模拟模型

模型的路面设定为光滑平面，该假设由 Rayleigh 标准得到：

$$\sigma < \frac{\lambda}{8\cos\theta_i} \tag{4-13}$$

式中 σ ——表面不平整度的标准差；

λ ——入射波的波长；

θ_i ——入射角。

对于新建路面，表面不平整度主要来源于路表纹理，其标准差大致为 1 mm。对于中心频率在 0.5～3.5 GHz 的探地雷达信号来说，波长范围在 0.6～0.086 m，亦即 $\lambda/8\cos\theta_i$ 的范围在 75～10.75 mm，这远远大于路表不平整度的标准差。因此，根据式（4-13）可知，路面在探地雷达中心频率和入射角度范围内可假设为光滑平面。

在模型中需要定义的材料电性参数决定了本构关系。电性参数有相对电容率（或介电常数）、相对磁导率和电导率。由于土工材料可近似为不良磁体，相对磁导率可设为 1。介电常数和电导率由材料电性和沥青混合料中的体积关系确定。

路面的表面水可由两种方式进行模拟：在路面上覆盖一层 1 mm 厚的自由水层，其介电常数为 81，或覆盖一层和网格尺寸相当的自由水和沥青混合料混合层。本章使用后者，因为前者需要网格尺寸小于或等于 1 mm，会显著增加数值模拟的计算成本。如图 4-2(b)所示，混合层的厚度为 2.5 mm，这是网格尺寸。混合层的介电常数和电导率取值由需要模拟的路表水含水量确定，取值在本书 4.2 节中将详细介绍。

4.2 频率选择效应

前已述及，探地雷达根据接收信号里面的路面表面反射波幅计算出表层的介电常数，路表水的存在会增加该测量值，导致密度的测量值大于真实值。本节讨论路面材料本身的密度变化和路表水量对探地雷达路表反射信号的影响。

4.2.1 密度变化对信号的影响

根据 ALL 模型的基本假设，沥青混合料的密度与其介电常数呈正相关关系。因此，在 FDTD 数值模拟中，不同的介电常数值用来表征不同的密度值。沥青混合料的电导率通常很小，在本节中该值设为 1×10^{-4} S/m。图 4-3 是 FDTD 模拟的电磁波在不同的时间窗 Z 方向电场分量的示意图，E_z 表征了该时刻电磁波信号的强度。从图 4-3中可以看出，在空气-路面边界上，部分电磁波被反射，另一部分继续在路面结构里传播，传播部分的波速小于电磁波在空气中的波速。

不同介电常数的时域信号如图 4-4 所示，其中图(b)是图(a)中波幅部分的放大图，其对应的频谱强度(由傅立叶变化所得)如图 4-5 所示。从图中可以看出，随着介电常数的增加，时域信号中的路表反射波幅增加，对应的频谱强度的峰值也相应增加。同时可以发现频谱强度的增加是在整个带宽范围内的，也就是说密度变化对探地雷达信号的影响是全带宽的。现场探地雷达数据证明了类似结论[图 4-5(c)和(d)]。

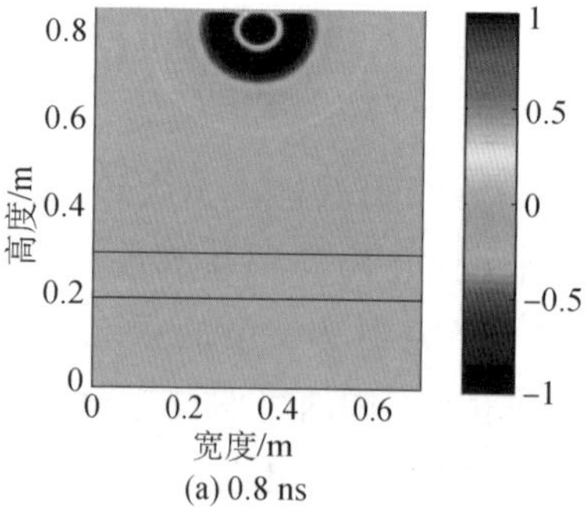

(a) 0.8 ns

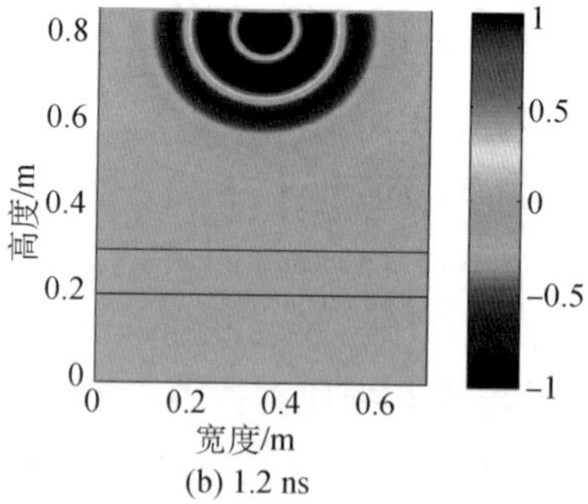

(b) 1.2 ns

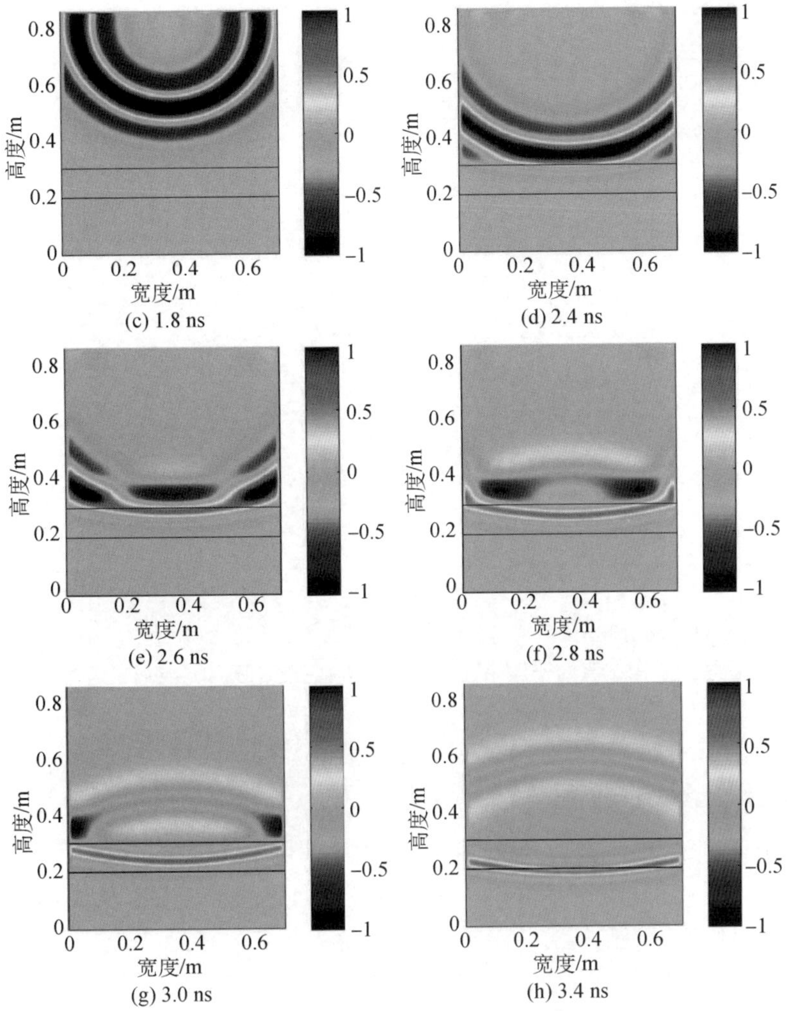

图 4-3　基于 FDTD 的干燥路面内电磁波在不同时刻的传播情况

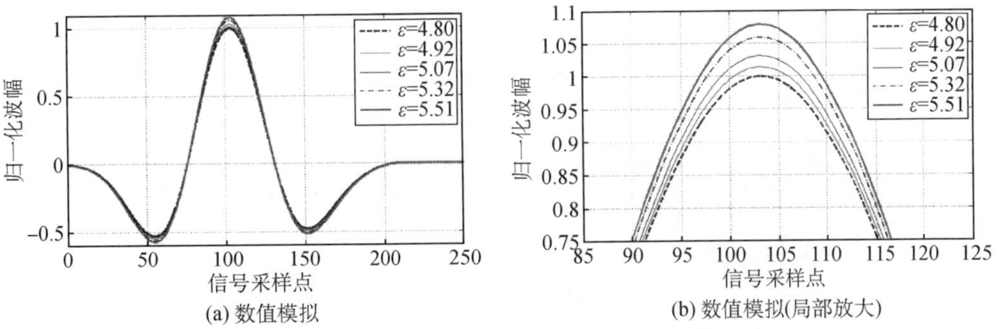

图 4-4　不同介电常数值干燥路面时域表面反射强度[图(b)为图(a)中表面反射波幅的放大部分]

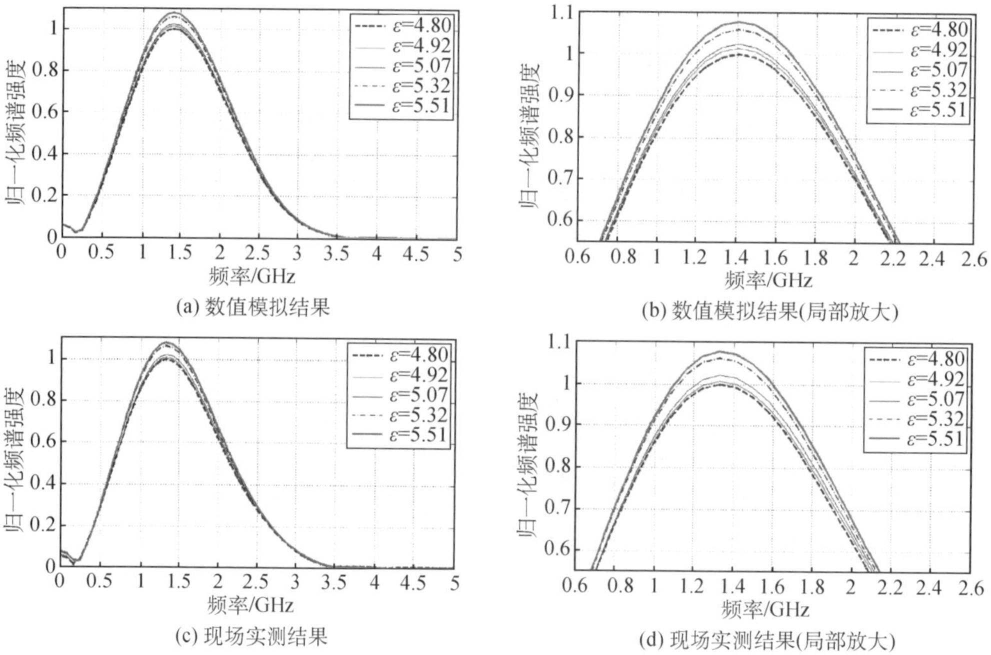

图 4-5　不同介电常数值的干燥路面表面反射频谱强度[图(b)为图(a)波峰放大部分，图(d)为图(c)波峰放大部分]

4.2.2　路表水对信号的影响

本节使用 4.1.2 中介绍的自由水和沥青混合料混合层建立含有路表水的路面 FDTD 模型。为了模拟不同的路表水含水量，该混合层的介电常数从 9 递减至 5.35，电导率从 200×10^{-4} S/m 递减至 1×10^{-4} S/m。最大的介电常数和电导率代表路表水含量最高的情况，最小值代表无路表水即干燥路面的情况。该取值范围参考了前人相关研究(Evans et al., 2012; Shang and Umana, 1999; Shang, 2002)。图 4-6 是 FDTD 模型在不同的时间窗的电磁波强度图。

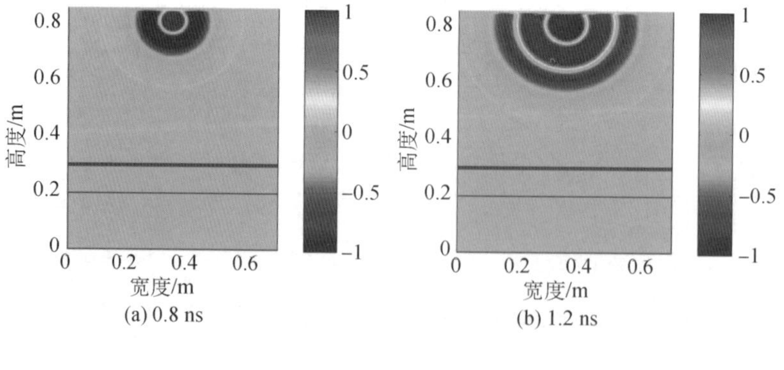

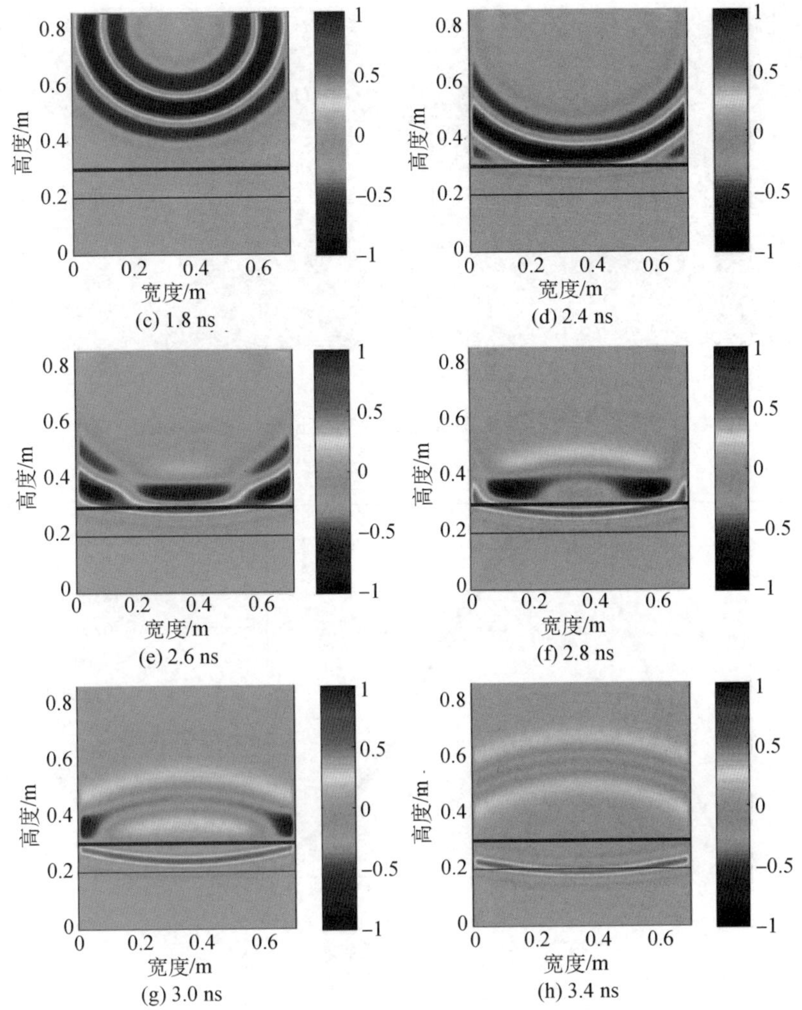

图 4-6　基于 FDTD 的含有路表水的路面内电磁波在不同时刻的传播情况

在现场试验，通过喷洒定量的水在路面使其自由蒸发，在蒸发过程中读取不同水分蒸发量的探地雷达静态扫描数据来佐证数值模拟的结果。图 4-7 是试验设置示意图，两个空气耦合的探地雷达被安装在测量车的后端，雷达正下方确定出 1 m^2 的方形区域，在每个方形区域中喷洒 250 mL 的水。这个喷洒的水量近似等于压实过程中压路机喷嘴喷射在钢轮/充气轮胎面上的水量。由于压实过程中新摊铺的路面温度很高，水分蒸发速率远大于该试验路表水自由蒸发速率，所以该试验使用的水量是现场压实过程中的极限情况。探地雷达每隔 1 min 读取一次信号，以此得到不同路表水含量情况下探地雷达信号变化的情况。上述数值模拟和现场试验获取的探地雷达信号的路表面时域反射波幅以及对应的频谱强度如图 4-8 所示。

(a) 显示探地雷达天线下方喷洒水的位置

(b) 为喷洒所需容器

图 4-7 通过喷洒定量水探究路表水对探地雷达信号影响示意图

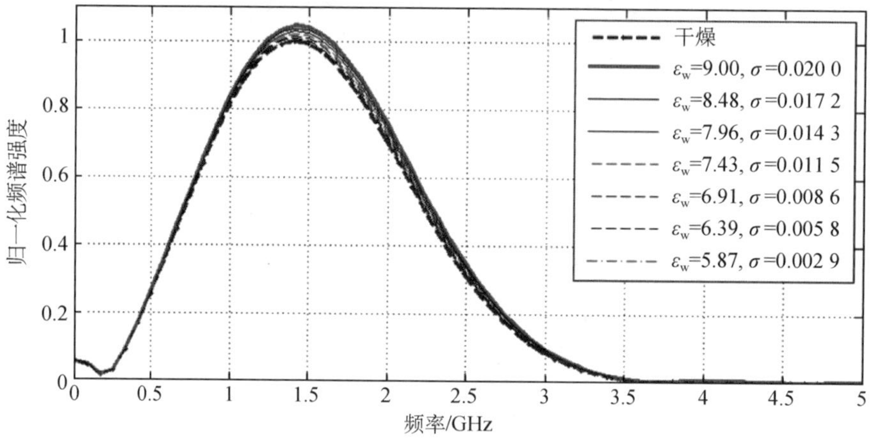

(a) 数值模拟结果

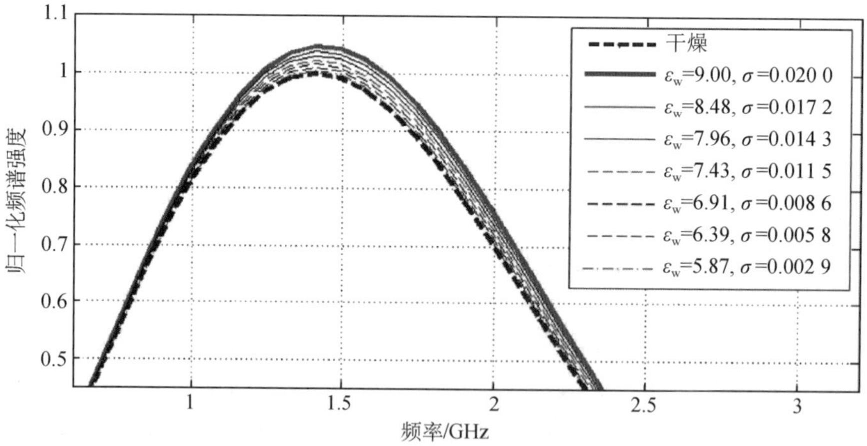

(b) 数值模拟 (局部放大) 结果

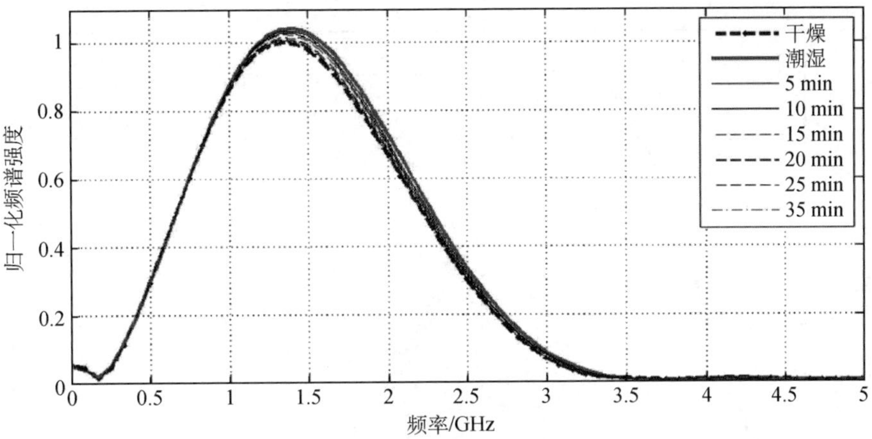

(c) 实验室控制试验结果

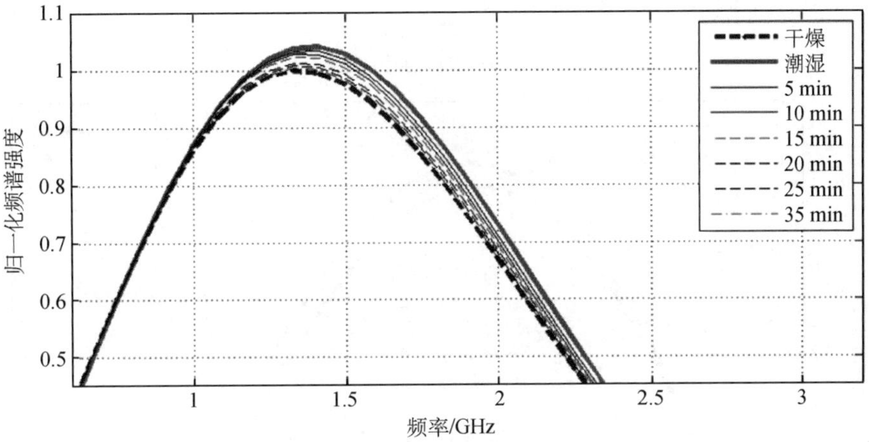

(d) 实验室控制试验 (局部放大) 结果

图 4-8　不同介电常数值的路表水作用下路面表面反射频谱强度
[图(b)为图(a)波峰放大部分,图(d)为图(c)波峰放大部分]

在不同路表水量的影响下,数值模拟结果和现场试验结果表明随着含水量的增加,频谱强度在低频段没有变化,在部分高频段的频谱会随着水量的增加而增加。这与密度变化对探地雷达信号的影响有较大区别。在本书中这个现象被称为“频率选择效应”。图 4-8(c)和(d)显示的实验室控制试验数据表明:随着时间的变化,频率选择效应在逐渐衰减,直至 35 min 该效应完全消失,这是水分逐渐蒸发、路表水含水量降低的结果。图 4-9显示的是一组现场压实过程中采集的探地雷达数据,该数据同样证实了频率选择效应。

通过对比不同路面沥青混合料密度和含水量对于探地雷达信号的影响,可以发现在频谱强度的低频段只和密度变化有关,不同的路表水含量对其没有影响。这部分只受密度影响的频率段为“频率选择带宽”,后续章节将利用该性质进行探地雷达信号在路表水作用下的降噪处理。

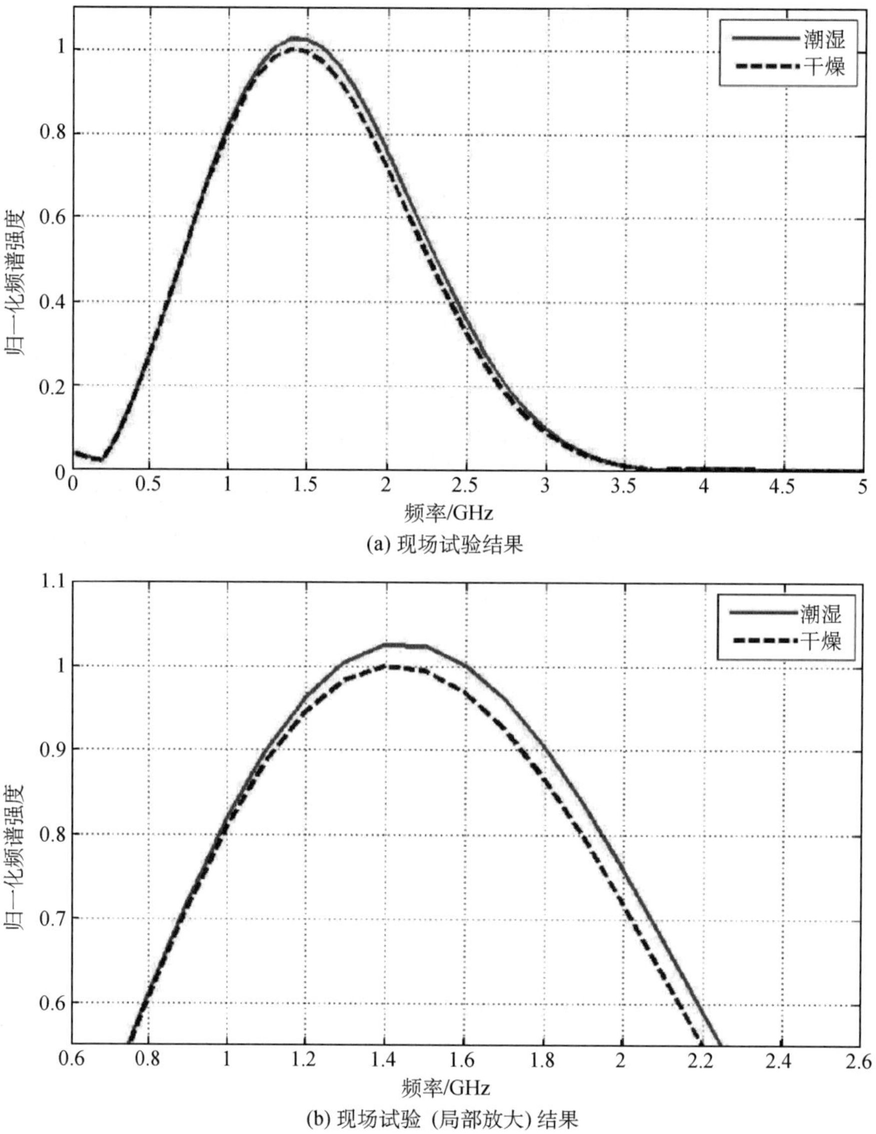

图 4-9　不同介电常数值的路表水作用下路面表面反射频谱强度[图(b)为图(a)波峰放大部分]

4.3　基于固定频率的参照信号降噪算法

本节提出一个基于固定截断频率的参照信号的降噪算法。该算法需要一个参照信号作为基准,从而去除路表水对探地雷达密度预测值的影响。该方法使用频率选择效应进行路表水影响的降噪。然而,该方法在压实控制过程中需要扫描一段已经压实完毕的新建路面作为基准信号,同时该固定截断频率是基于探地雷达天线的中心频率是

2 GHz 的情况。本节仅介绍该方法的原理，工程实践可参照本书 4.4 节和 4.5 节中介绍的改进的降噪方法。

该算法对本构关系的一个基本假设是：沥青混合料在探地雷达的工作频率带宽内为各向同性、非频散性和不良导电体；另一个基本假设即频率选择效应。在路面干燥无路表水时，密度增大会导致探地雷达信号的时域表面反射波幅增大，在频域内体现为频谱强度在全带宽范围内增大，但频谱的波形不会产生变化。用路面和入射信号(由铜板的反射标定得到)的表面反射频谱得到的反射系数在全带宽内为恒定值，如图 4-10 所示。0～3.5 GHz 段的波动来源于计量误差，这种误差在频谱强度很低时较为常见。

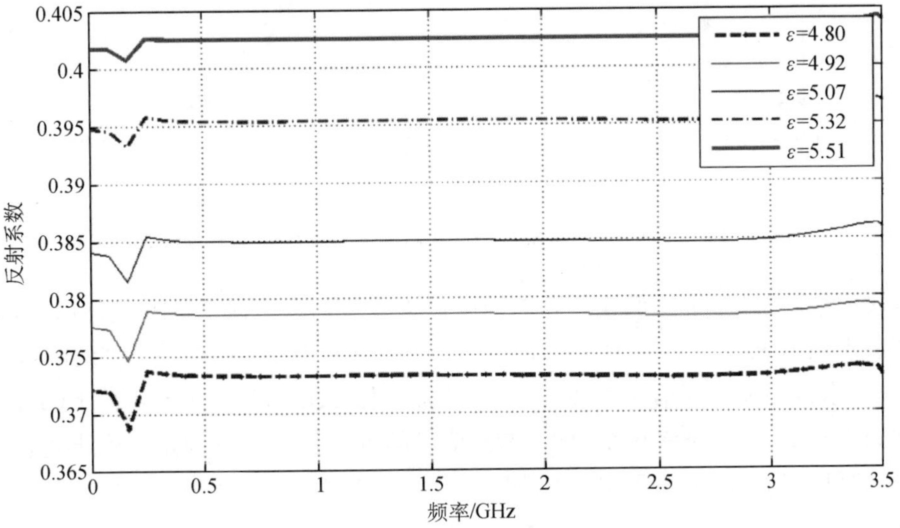

图 4-10 反射系数随密度的变化情况

当路表水存在时，探地雷达路表面反射信号的频谱强度在高频段会增加。如果干燥路面的探地雷达信号为已知，根据密度变化对探地雷达信号的影响，此干燥信号可提供真实路面的探地雷达信号频谱强度的形状，用此干燥信号乘以某一个修正系数即可得到修正后的路表水探地雷达信号。本章使用该干燥路面信号作为参照信号。修正后的信号将只受密度变化影响而不受路表水的影响，从而得到压实控制过程中准确的探地雷达的路面密度测量值。

根据频率选择效应，修正系数可以通过比较参照信号和路表水信号频谱强度的低频段得到。低频段和高频段的分界即为截断频率，该频率用于计算修正系数。在确定截断频率时，需要考虑到：尽管低频段不受路表水的影响，但是频谱强度在低频段过小则会导致数值误差。使用前文述及的 FDTD 模型和现场试验数据，反射系数在全带宽下的分布如图 4-11 所示。

图 4-12(c)的实验室控制试验数据用来确定截断频率，即 1.1 GHz。该频率值为天线中心频率 2 GHz 工况下的最优化解。这是因为 1.1 GHz 在频率选择效应区间内，即

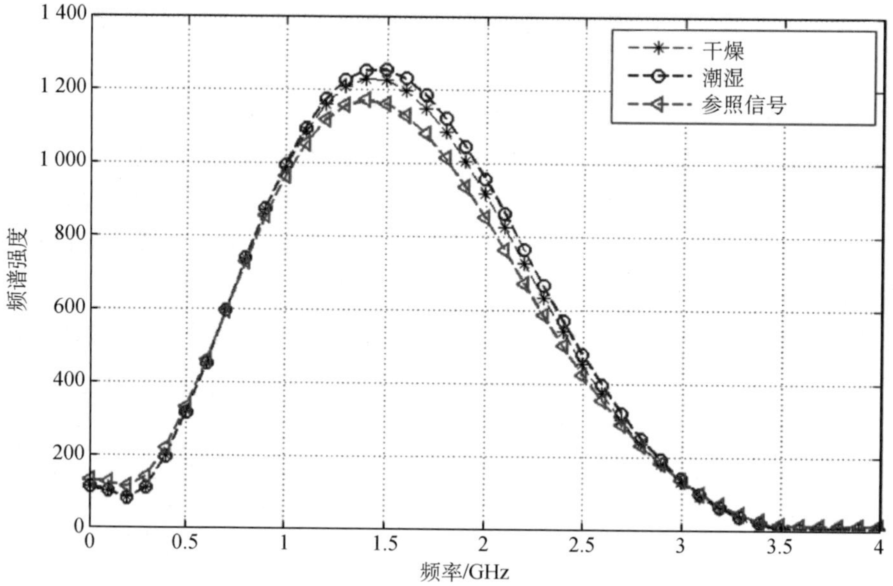

图 4-11　干燥路面、路表水路面和基准信号的路面反射频谱强度

在低频段内；1.1 GHz 不受低频段频谱强度过小导致的数值误差的影响。由此，修正系数由路表水信号和参照信号频谱强度在 1.1 GHz 的比值确定。举例说明：图 4-13(b)中路表水信号和参照信号在 1.1 GHz 的频谱强度分别为 1 096.2 和 1 041.5，修正系数即为 1.052 5。得到修正系数后，参照信号的频谱强度乘以修正系数再进行逆傅立叶变换，即可得到时域下不受路表水影响的信号。图 4-14 中修正后的信号和干燥路面信号非常接近。表 4-1 列出了时域信号路表面反射波幅在修正前和修正后与干燥路面的误差，证明该修正算法有效。

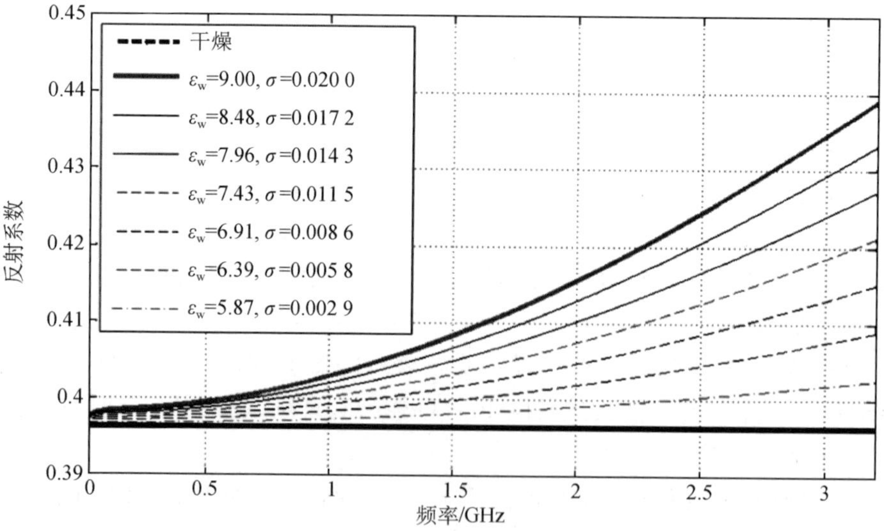

(a) 理论值

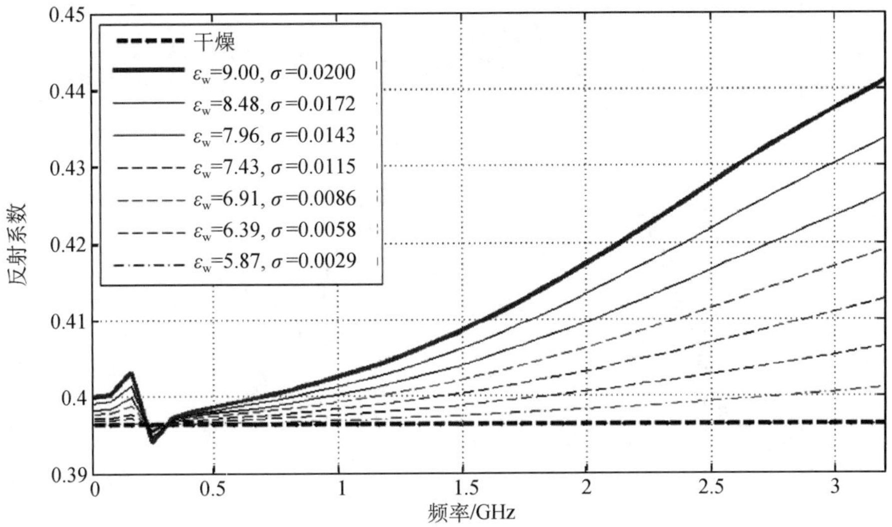

(b) 数值模拟值

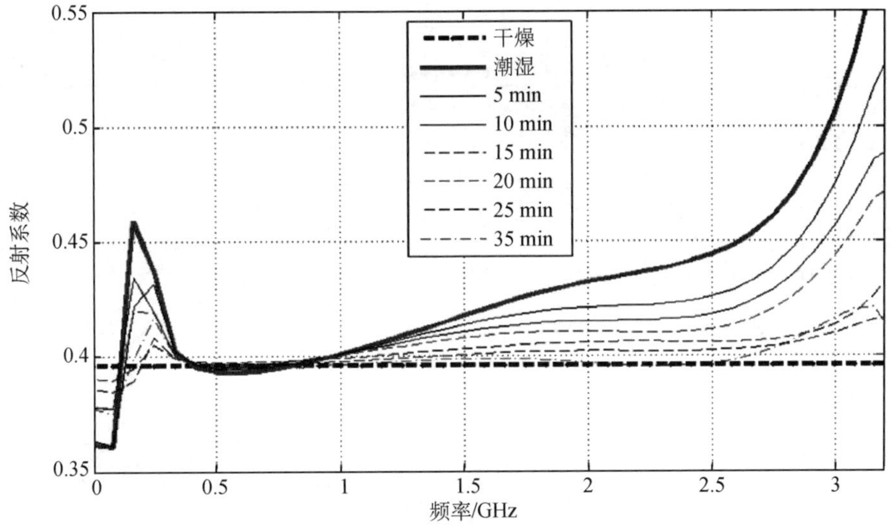

(c) 实验室控制试验值

图 4-12　反射系数随路表水量变化

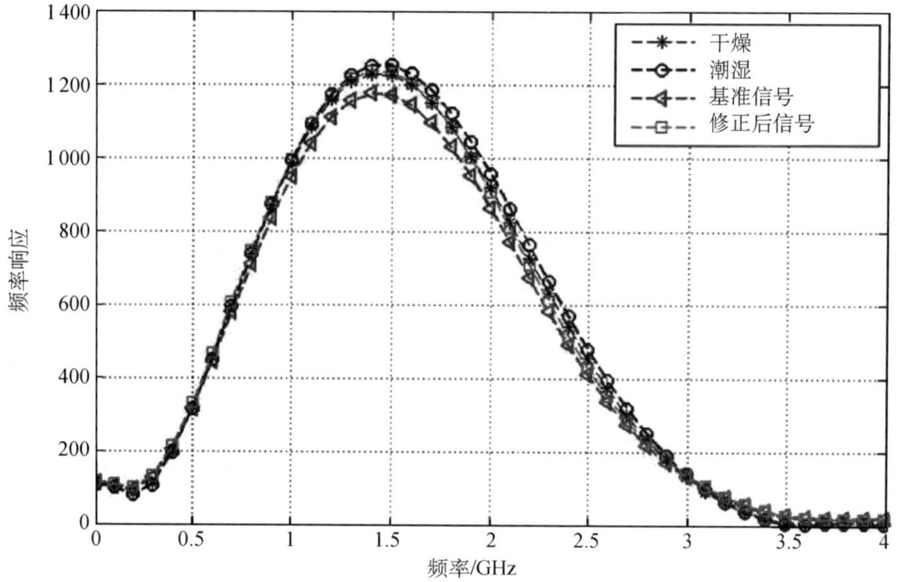

(a) 反射频谱

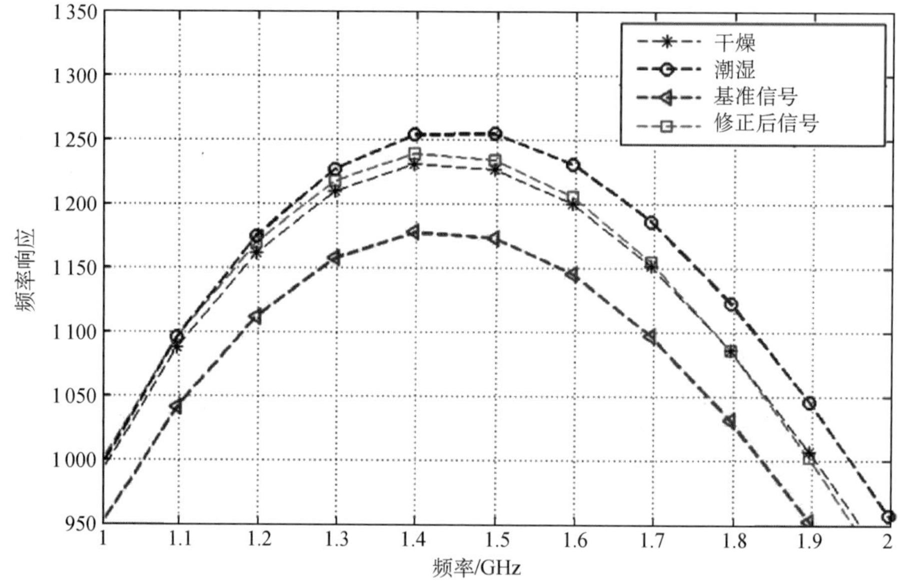

(b) 峰值局部放大的反射频谱

图 4-13 干燥路面、路表水路面、基准信号和修正后的路面反射频谱强度[图(b)是图(a)在峰值局部放大部分]

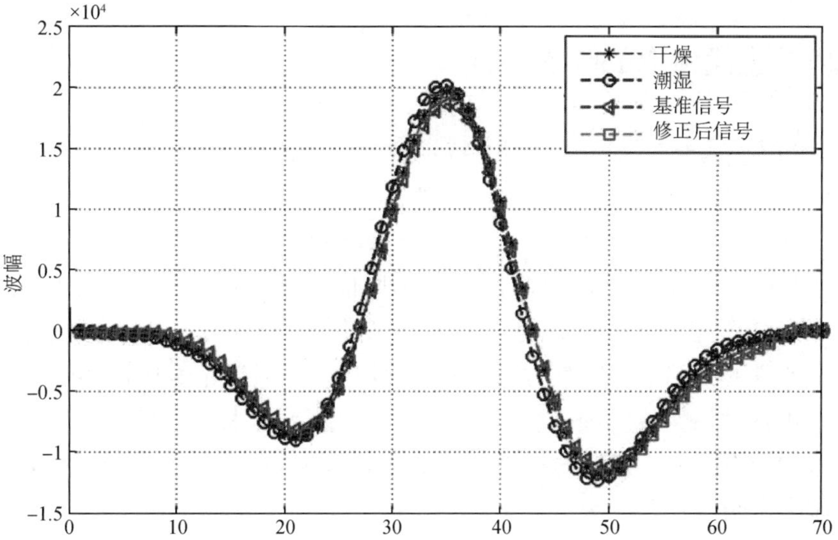

(a) 反射波

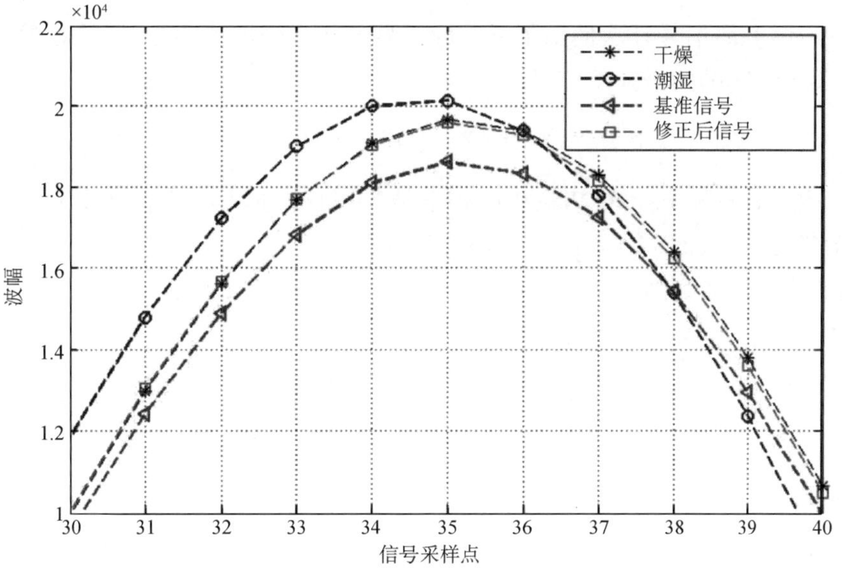

(b) 峰值局部放大的反射波

图 4-14　干燥路面、路表水路面、基准信号和修正后的时域路面反射波幅［图(b)是图(a)在峰值局部放大部分］

表 4-1　　路表反射波幅

信号来源	干燥路面	路表水路面	修正值
路表反射波幅(×10^4)	1.965 3	2.013 8	1.959 4
误差/%	—	2.47	0.30

4.4 基于迭代频率的降噪算法

4.3 节介绍了基于参照信号使用某特定截断频率的路表水效应降噪方法。该方法用于除去路表水对路面压实控制过程中探地雷达信号的影响。通过比较干燥路面和路表水路面得到的信号，基于频率选择效应确定截断频率，在探地雷达中心频率为 2 GHz 时截断频率为 1.1 GHz。然而，该方法中的参照信号需要在一段干燥并且压实完毕的新建路面上获取，这会增加探地雷达在压实过程中对密度进行实时监测的难度。本节提出了一个改进的参照信号降噪方法，该方法使用一个截断带宽取代特定的截断频率，用以计算修正系数，截断带宽通过静态试验的不同路表含水量进行迭代标定，所得到的截断带宽适用于不同中心频率的探地雷达天线。同时，该方法不需要干燥新建路面的雷达信号作为参照信号。

4.4.1 改进的参照信号算法

前文所述，参照信号算法使用干燥路面信号的频谱强度作为参照，乘以修正系数得到不受路表水影响的频谱强度信号：

$$Y_{\text{wet\_corrected}}(f)=Y_{\text{dry}}(f)*|Y_{\text{wet}}(f_0)|/|Y_{\text{dry}}(f_0)| \tag{4-14}$$

式中 f_0 ——截断频率，即在雷达中心频率是 2 GHz 的情况下为 1.1 GHz；

$|Y_{\text{wet}}(f_0)|/|Y_{\text{dry}}(f_0)|$ ——修正系数。

得到的修正的频谱强度信号可使用逆傅立叶变换得到修正后的时域信号：

$$\begin{aligned} y_{\text{wet\_corrected}}(t) &= F^{-1}(Y_{\text{wet\_corrected}}(f)) \\ &= F^{-1}(Y_{\text{dry}}(f)*|Y_{\text{wet}}(f_0)|/|Y_{\text{dry}}(f_0)|) \\ &= y_{\text{dry}}(t)*|Y_{\text{wet}}(f_0)|/|Y_{\text{dry}}(f_0)| \end{aligned} \tag{4-15}$$

式(4-15)中，$y_{\text{dry}}(t)/|Y_{\text{dry}}(f_0)|$ 是在 f_0 归一化后的干燥路面信号。如前所述，干燥路面的时域和频谱强度信号与入射信号(铜板反射标定得到)具有相同的波形，由此可得：

$$\frac{y_{\text{dry}}(t)}{|Y_{\text{dry}}(f_0)|}=\frac{y_{\text{copper}}(t)}{|Y_{\text{copper}}(f_0)|} \tag{4-16}$$

即：

$$y_{\text{wet\_corrected}}(t)/y_{\text{copper}}(t)=|Y_{\text{wet}}(f_0)|/|Y_{\text{copper}}(f_0)| \tag{4-17}$$

将该式代入式(4-15)，可得：

$$A_1/A_{\text{inc}}=y_{\text{wet\_corrected}}(t)/y_{\text{copper}}(t)=|Y_{\text{wet}}(f_0)|/|Y_{\text{copper}}(f_0)| \tag{4-18}$$

式中，A_1/A_{inc} 是时域信号中的路面表面反射系数。由此可知，只需得到路表水和入射信号频谱强度在频率选择效应区间内的比值，即可省去逆傅立叶变换得到修正系数，该修正系数可直接用于计算时域下修正信号的路表面反射系数，继而得到修正的表面层介电常数和密度。

4.3 节中述及的参照信号法对于截断频率 f_0 的取值较为敏感。若 f_0 在频率选择效应带宽的低频段可以保证路表水的影响可以忽略，但该频段的频谱强度过小则会导致数值误差；若 f_0 在该带宽的高频段，部分频段的频谱强度会受到路表水的影响，但高频段的信噪比较高，不易出现数值误差。综上所述，使用某一个截断频率数值无法同时兼顾频率选择效应带宽的低频段的数值稳定问题和高频段的路表水效应。本节中使用如下的优化模型用以获取时域的修正反射系数 R_1：

$$R_1 = \underset{\alpha}{\operatorname{argmin}}\{ \| \, |Y_{wet}(f)| - \alpha \, |Y_{copper}(f)| \, \|^2, \ f \in [f_1, f_2] \} \tag{4-19}$$

式中，f_1 和 f_2 分别是截断频率带宽下限和上限。式(4-19)同时考虑了频率选择效应带宽下的低频段和高频段用以获取修正的路表面反射系数，使用该修正系数计算路面表层介电常数更为稳定。根据前人研究(Shangguan et al.，2013；2014；2016)，2 GHz 信号下的频谱强度中 0.5 GHz 以下的信号由于强度过低容易出现数值误差，由此可见，截断频率带宽下限取值应在 0.5 GHz 左右。在本节中，截断频率带宽的下限和上限通过反射系数频谱(由路表水信号和入射信号的频谱强度比值所得)所得，步骤如下：

对于截断频率下限 $f_1 \in [f_{1lo}, f_{1hi}]$ 和上限 $f_2 \in [f_{2lo}, f_{2hi}]$，其中 f_{1lo}，f_{1hi} 和 f_{2lo}，f_{2hi} 分别是下限和上限的可能取值范围，分别根据式(4-19)计算修正的反射系数 R_1，继而计算下列均方差：

$$\| \, |Y_{wet}(f)| - R_1 \, |Y_{copper}(f)| \, \|^2 \tag{4-20}$$

通过寻找合适的 f_1 和 f_2，使得均方差达到最小值。该目的可以通过先固定 f_1 计算 f_2 的最优解，再固定 f_2 计算 f_1 的最优解，通过多次迭代得到 f_1 和 f_2 的最优化解。也可以通过梯度下降法同时获取 f_1 和 f_2 使式(4-20)中均方差为最小。本章使用迭代法，通过迭代得到的截断频率上限和下限不受探地雷达天线中心频率的影响，若天线频率出现变化，只需要重复迭代过程即可得到新的截断频率上下限，从而优化了本节 4.3 节参照信号法固定截断频率的缺点。

如图 4-15 所示，信号采集于一个探地雷达现场压实控制的数据。在最后一遍压实完成后，首先固定上限为 1.1 GHz 绘制出均方差和截断频率下限的关系。由图 4-15 可知下限在 0.5 GHz 左右达到极小值，建议下限取值在 0.5 GHz 左右，这与前人研究结论相吻合(Shangguan et al.，2013；2014)。然后固定下限为 0.5 GHz 绘制均方差和截断频率上限的关系，得到在 1.05 GHz 均方差达到极小值，这同样和前人研究吻合

(Shangguan et al., 2013; 2014)。值得注意的是,由于本章通过一个截断频率带宽计算修正系数,因此截断频率上、下限的小幅变化不会对最终得到的时域修正表面反射系数的精确度产生影响。

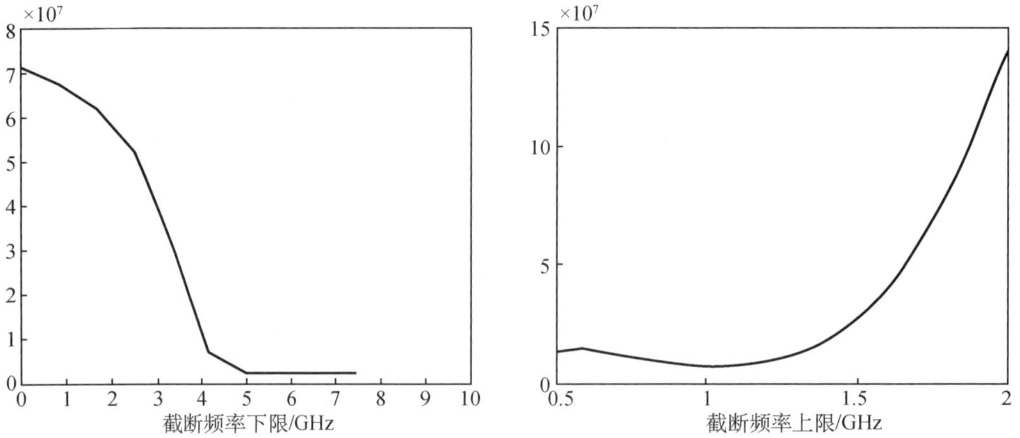

(a) 不同截断频率下限与均方差的关系　(a) 不同截断频率上限与均方差的关系

图 4-15　不同截断频率上限和下限与均方差的关系

4.4.2　现场试验验证

为进一步验证改进的参照信号降噪算法在不同中心频率天线工况下的适用性,本节进行了类似 4.2.2 中的试验。该试验使用了 1 GHz 的空气耦合探地雷达天线,天线下方 1 m^2 的区域内喷洒了 650 mL 的水,如图 4-16 所示。在喷洒之前先扫描干燥路面的信号作为参考比较值。在水分蒸发的过程中,探地雷达每 2～3 min 扫描一次含有路表水的信号,直至路面干燥,以此获取不同含水量的探地雷达信号。

(a) 使用的天线示意　(b) 喷洒路表水的示意

图 4-16　实验室使用 1 GHz 探地雷达天线进行路表水效应的降噪测试

在不同蒸发时间得到的不同含水量的时域信号的路表反射通过傅立叶变换绘制在图 4-17 的频谱强度图中。随着水量的减少(蒸发时间变长),由于频率选择效应,频谱强度在 0.7 GHz 以上的部分逐渐下降;干燥路面的频谱强度在图中处于最低虚线位置。

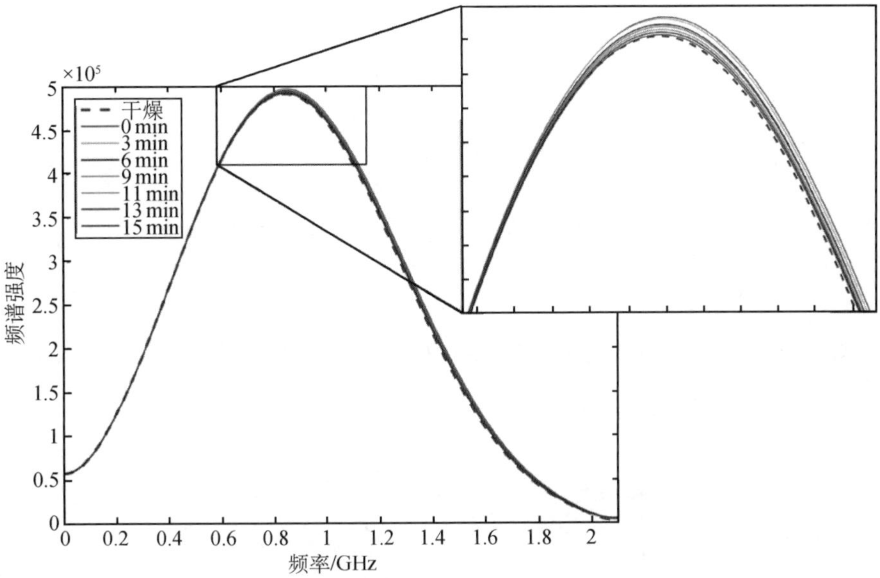

图 4-17 路面表面反射频谱强度与不同路表水含水量的关系

图 4-18 使用 4.4.1 节中提出的迭代法进行截断带宽上下限的确定。图 4-18(a)中固定上限为 0.75 GHz 并绘制了均方差和下限之间的关系,得到在 0.42 GHz 均方差取得极小值;图 4-18(b)中固定下限为 0.42 GHz 并绘制了均方差和上限之间的关系,得到在 0.75 GHz 均方差取得极小值。多次迭代后该上、下限没有出现变化,于是截断带宽在 1 GHz 雷达信号下为 0.42～0.75 GHz。由此可知,和 2 GHz 雷达下的截断带宽的比较(0.5～1.05 GHz),上限的变化随探地雷达中心频率变化较为明显。

使用得到的截断带宽进行路表水作用下的介电常数的修正,将使用了和未使用改进的参考信号算法的介电常数值绘制在图 4-19 中。水平的虚线表示喷洒水之前得到的干燥的介电常数参考比较值。由图可知,本节提出的修正算法可以在路表水的影响下得到较为精确的介电常数值。在路表水影响最大(刚喷洒)时,未使用和使用修正算法的介电常数预测误差分别为 3.5%和 1.1%。这表明了该方法对于 1 GHz 的探地雷达天线同样适用。同时,实验室数据也证明了频率选择效应在路表水影响下不同雷达频率的信号的普适性。然而,该方法在使用不同中心频率的雷达天线时需要事先进行静态喷洒不同水量的实验室控制试验以标定截断频率的上、下限,且标定过程中需要多次迭代,但不适用于压实控制中实施进行路表水的降噪处理。4.5 节将提出一种无需迭代标定即可得到修正系数的路表水效应降噪方法。

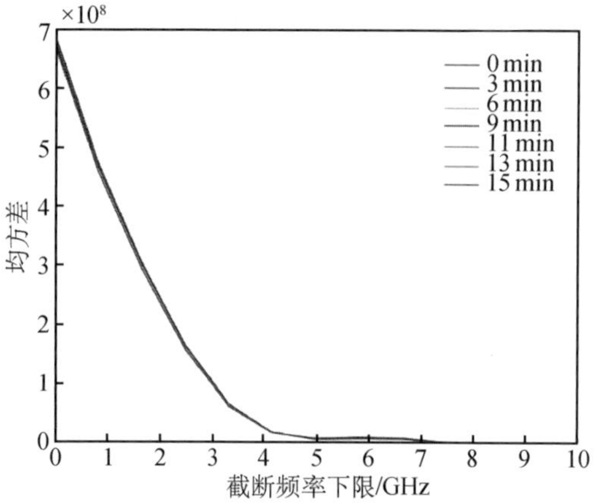

(a) 不同截断频率下限与均方差的关系

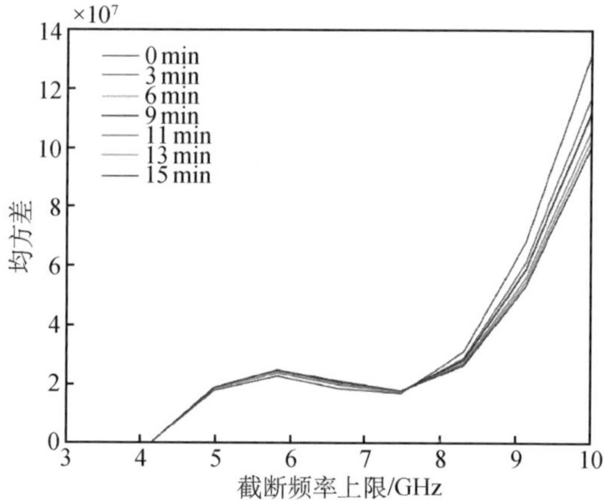

(b) 不同截断频率上限与均方差的关系

图 4-18　使用试验中不同路表水含量数据的均方差确定截断频率的上限和下限

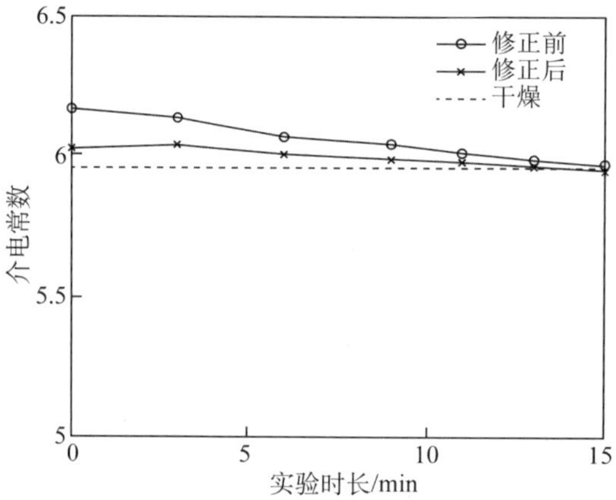

图 4-19　不使用和使用改进的基于参照信号的修正算法的介电常数预测值

4.5 平均反射系数的实时降噪算法

本节提出的平均反射系数算法是对本节 4.4 节中改进的参照信号算法的进一步改进。平均反射系数算法仍然基于 4.2 节提出的路表水影响下的频率选择效应，在该效应下，路表面反射和入射信号的频谱强度比值(反射系数频谱)在某一个频率区间趋于平缓，该区间即为频率选择带宽。平均反射系数法对反射系数频谱中频率选择带宽内的反射系数进行平均，得到修正系数进行介电常数的计算。这样可以最大程度地去除现场信号低信噪比的影响。计算方法如式(4-21)所示：

$$R = 1/(f_{\text{higher}} - f_{\text{lower}}) \sum_{f_{\text{lower}}}^{f_{\text{higher}}} R_f \tag{4-21}$$

式中 f_{higher}，f_{lower} ——频率选择带宽的上下限截断频率；

R_f ——反射系数频谱中对应频率 f 的反射系数。

由此可知，本方法只需要借助路表水的路面信号和入射信号得到反射系数频谱即可得到修正系数，从而避免了 4.4 节中迭代获取截断频率上、下限的过程。4.5.1 节使用数值模拟方法确定频率选择带宽的上、下限。

4.5.1 数值模拟

本节使用的 FDTD 模型和 4.1.2 节中模型结构类似，使用了一层包含自由水和沥青混合料的超薄混合层模拟路表水，该层中不同的介电常数和电导率表征不同的路表水含量。表 4-2 给出了该路面模型中 3 层材料各自的介电常数和电导率。磁导率均设置为 1，因为土工材料在本节中假设为非磁体。不同分贝(dB)的高斯白噪声在模型中模拟现场的信号噪声。图 4-20 是 10 dB 下路面信号的时域图。

表 4-2　　模型中各层电学参数

参数	介电常数	电导率/(s·m^{-1})
路表水	9	0.04
	8.5	0.017 2
	8	0.014 3
	7.5	0.011 5
	7	0.008 6
	6.5	0.005 8
	6	0.002 9
	5	0.000 1
沥青面层	5	0
基层	7	0

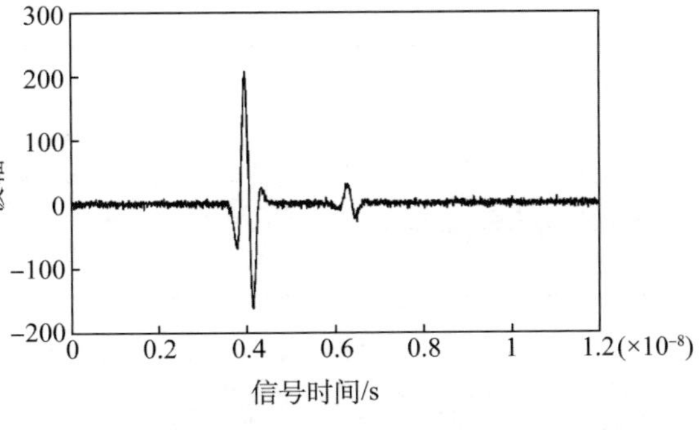

图 4-20　探地雷达时域信号(白噪声强度为 10 dB)

2 GHz 信号下不同路表水含量的频谱强度图和反射系数频谱图如图 4-21 所示。图例中数字越大,表明路表水含量越高,同时频谱强度越大,这与频率选择效应吻合。同时,还可以发现,在不同的表面含水量作用下,反射系数频谱在 0.8 GHz 前下降明显,在 0.8~1.4 GHz 区间平缓并互相重叠,然后继续逐渐上升并分开。0.8 GHz 作为频率选择效应带宽下限在反射系数谱中较为明显,而 1.4 GHz 作为该带宽上限在路表信号频谱强度图中较为明显,尤其是在 15 dB 噪声下[图 4-21(b)]。由此可得,频率选择带宽在 2 GHz 的情况下为 0.8~1.4 GHz。

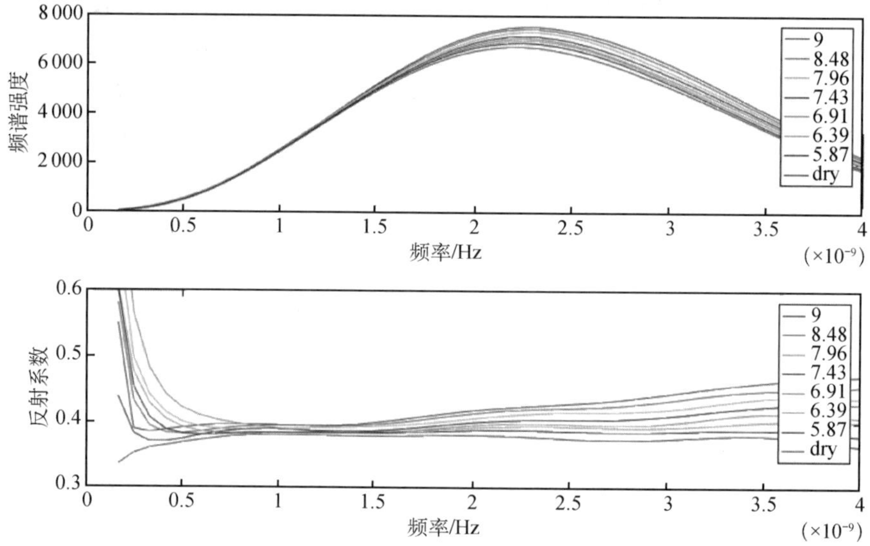

(a) 白噪声为5 dB的情况

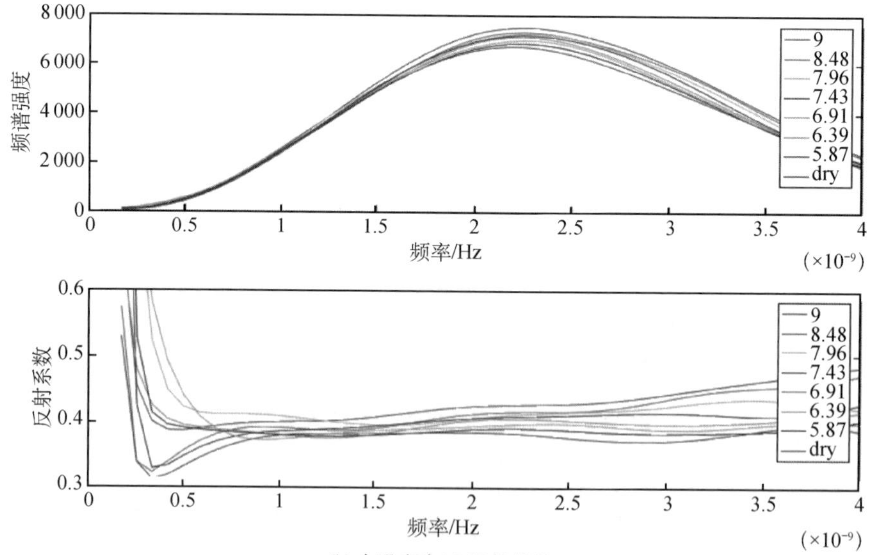

(b) 白噪声为15 dB的情况

图 4-21　2 GHz 天线得到的路表反射频谱强度和对应的反射系数

在 FDTD 模型中改变探地雷达天线的中心频率并重复上述步骤，可得到不同中心频率天线下的频率选择带宽上、下限，如图 4-22 所示。

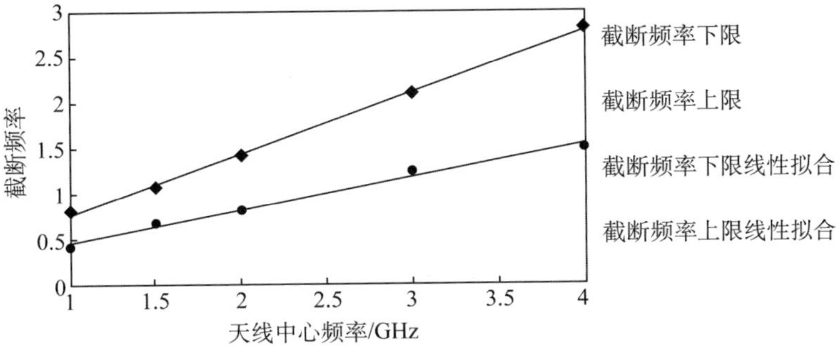

图 4-22 频率选择带宽上限和下限与天线中心频率的关系

如图 4-22 所示，频率选择带宽的上、下限截断频率和天线的中心频率呈线性相关。事实上，该带宽确定在 40%～70%的中心频率值。这样考虑了傅立叶变换后频谱强度图和反射系数频谱图中有限的数据点(本书模型使用 512 点)。离散傅立叶变换用于处理离散信号的频谱分析：

$$X(\omega)=\sum_{n=0}^{N-1}x(n)\ \mathrm{e}^{-\mathrm{j}\frac{2\pi}{N}\omega n} \tag{4-22}$$

式中 $X(\omega)$——时域信号 $x(n)$ 在频率为 ω 时的频谱；

N——时域信号的数据点数，本节为 512；

j——虚数单位。

根据离散傅立叶变换的原理，频谱强度图和时域信号拥有相同的数据采样点数。由于傅立叶变换的周期性，得到的频谱强度图是对称的，Nyquist 频率为频谱带宽中心部分，该频率以上的频谱内容由于混叠现象需要舍弃(Manolakis and Ingle，2011；McClellan et al.，2003)。图 4-23 显示的是 2 GHz 雷达获取的路面反射信号的频谱强度。

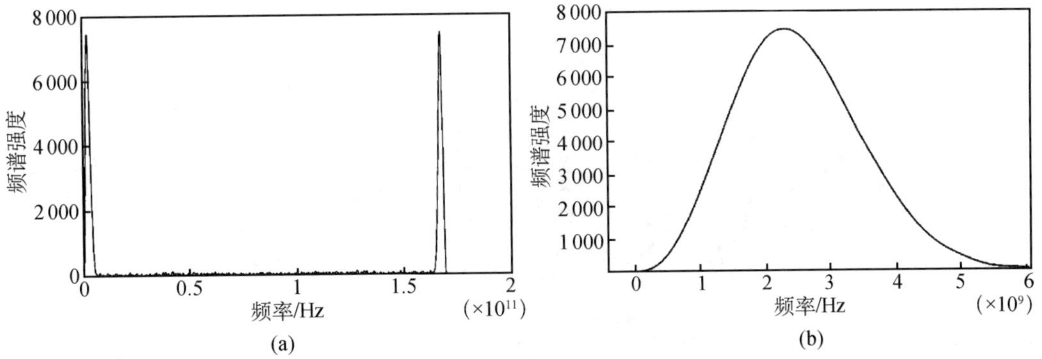

图 4-23 路表反射波幅的离散傅立叶变换(即频谱强度)
[图(b)是图(a)中左侧实际探地雷达带宽范围内的信号]

在频率选择带宽内的数据点可由式(4-23)和式(4-24)获得：

$$\Delta f = \frac{1}{T} \tag{4-23}$$

$$N_{\text{band}} = \frac{f_{\text{higher}} - f_{\text{lower}}}{\Delta f} \tag{4-24}$$

式中 Δf ——频域的采样频率(Hz)；

T ——时域信号的长度，在本节中为 12 ns；

N_{band} ——即为频率选择带宽内数据点的数量。

举例说明：对于 1 GHz 雷达信号来说，频率选择带宽为 40%～70%的中心频率，即 0.4～0.7 GHz，则 N_{band} 为 3.6 个数据采样点，近似为 4。因此，使用中心频率 40%～70%作为频率选择带宽并对其中的反射系数频谱值取平均值可得到修正系数。这样可以最大程度地利用反射系数频谱中有限的数据点。由于频率选择带宽长度和天线的中心频率呈线性相关，若天线中心频率出现变化如 1.5 GHz，对应的需要平均的反射系数频谱数据点相应变化即可(6 对应 1.5 GHz)。图 4-24—图 4-26 罗列了使用平均反射系数法得到的基于 2 GHz，1.5 GHz 和 1 GHz 在不同噪声分贝数下的修正的介电常数结果。没有使用该方法计算得到的介电常数值作为比较。沥青面层的介电常数模型初始值为 5，该值作为标准值进行参考。

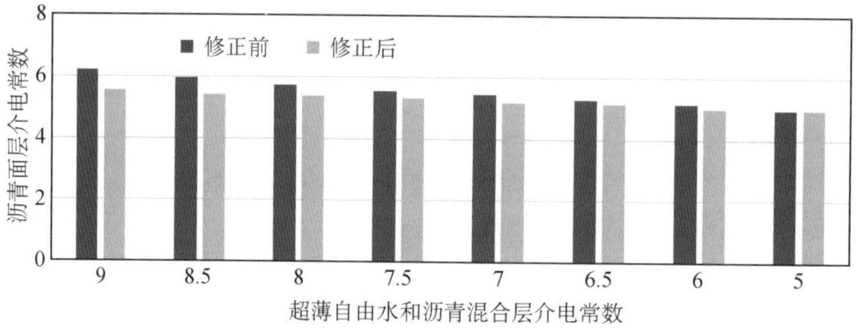

(a) 5dB

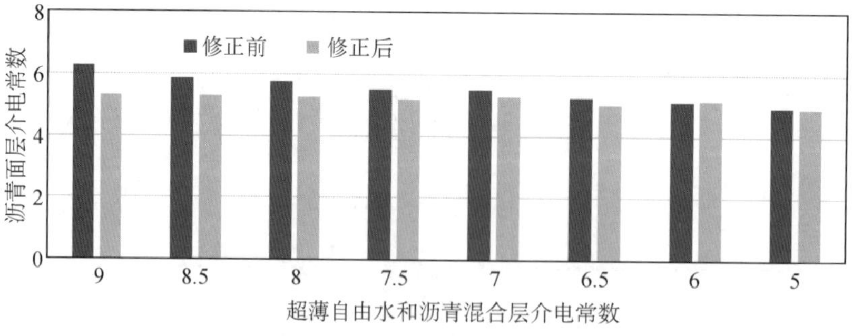

(b) 15dB

图 4-24　不同白噪声背景下使用平均反射系数法修正的介电常数值(2 GHz 天线)

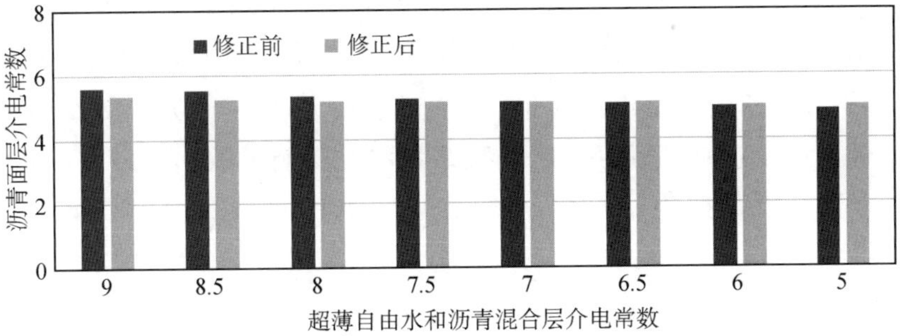

(a) 5dB

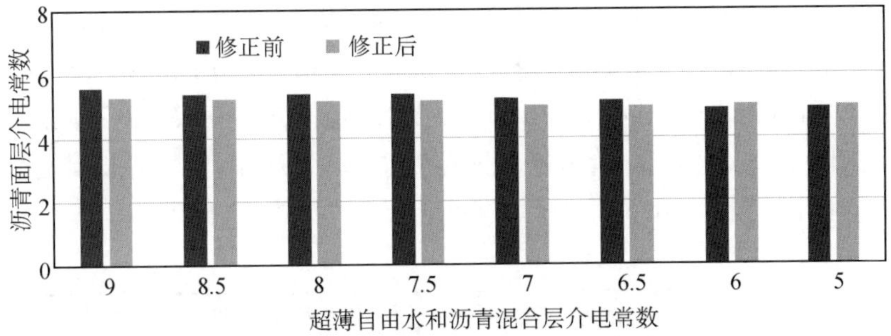

(b) 15dB

图 4-25　不同白噪声背景下使用平均反射系数法修正的介电常数值(1.5 GHz 天线)

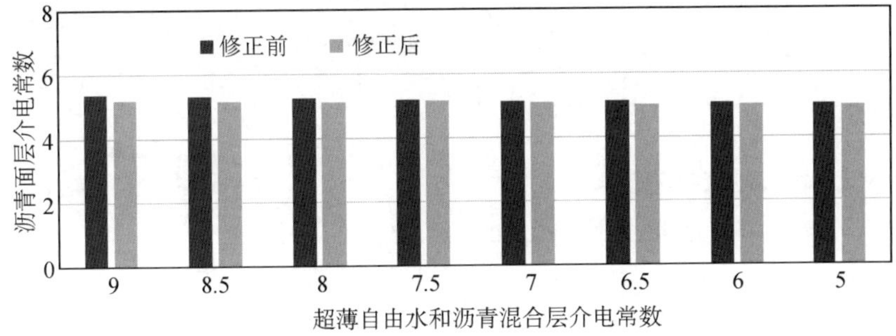

(a) 5dB

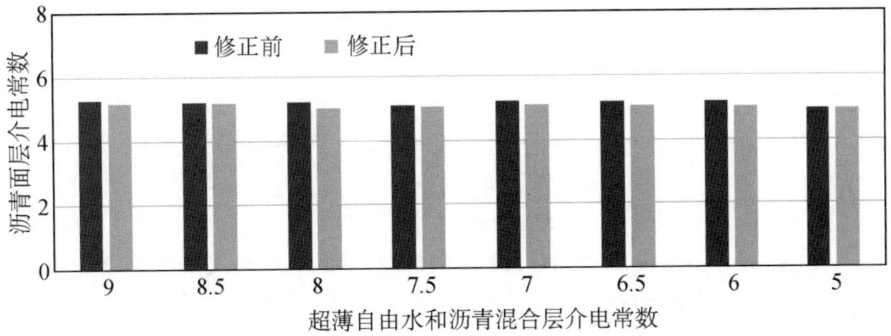

(b) 15dB

图 4-26　不同白噪声背景下使用平均反射系数法修正的介电常数值(1 GHz 天线)

图 4-24—图 4-26 中，修正后的介电常数误差用不同噪声强度下误差的平均值表征。在 1 GHz，1.5 GHz 和 2 GHz 雷达的情况下，平均误差分别为 2%，4%和 5%。同时，2 GHz 雷达在修正前和修正后的介电常数差别最大，这是因为 2 GHz 雷达的脉冲信号在时域的波长最小，分辨率最高，因此对路表水的影响最敏感。由此可知，本节提出的平均反射系数法可有效修正在路表水影响下的沥青表层路面介电常数。

4.5.2 现场试验

本节使用 1 GHz 和 2 GHz 的空气耦合探地雷达天线验证上述平均反射算法的有效性。试验设定和 4.4.2 节中试验类似。天线下方 1 m^2 区域喷洒自由水用以模拟路面压实中的喷水过程。探地雷达在水的蒸发过程中每两分钟读取一次信号直至路面完全干燥。最后的干燥路面信号作为标准值进行比较。获取的时域信号通过傅立叶变换得到不同路表水含量下的频谱强度，如图 4-27 所示。随着水分逐渐蒸发，时域信号的路表反射波幅逐渐降低，频谱强度在频率选择带宽上限以外逐渐重合。这符合频率选择效应的假设。

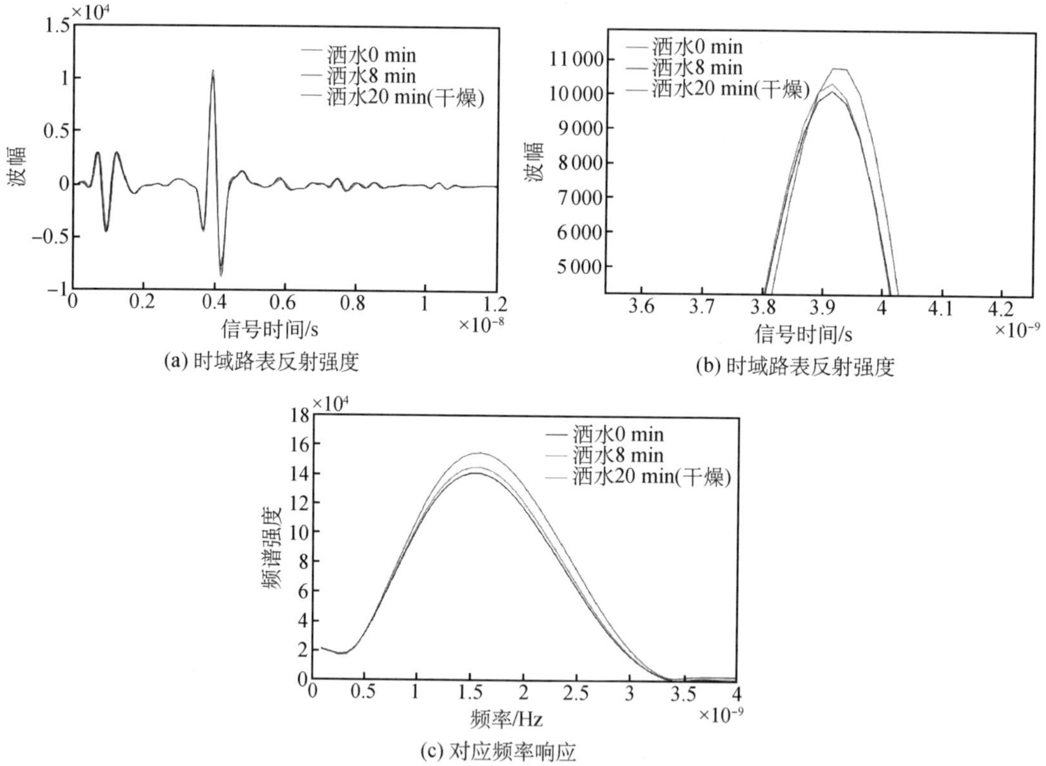

图 4-27 不同喷洒时间(即路表水含量)下的时域路表反射强度和对应的频率响应[(b)是(a)中波峰的局部放大部分]

现场试验的数据由于信噪比较低，会出现中心频率偏移的状况，如图 4-27(c)所示，该图为 2 GHz 雷达获得的信号，但是频谱强度的峰值在 1.55 GHz。在这种情况下，根据频率选择带宽和中心频率呈线性相关(40%～70%)的关系,该频率选择带宽为 0.6～1 GHz。图 4-28 列出了未修正和修正后探地雷达的介电常数预测值。结果表明,对于 1 GHz 和 2 GHz 得到的信号,修正后的介电常数值误差分别为 2%和 4%。在试验过程中,试验员使用手机制造了额外的噪声源。这也表明该算法对现场噪声具有鲁棒性。

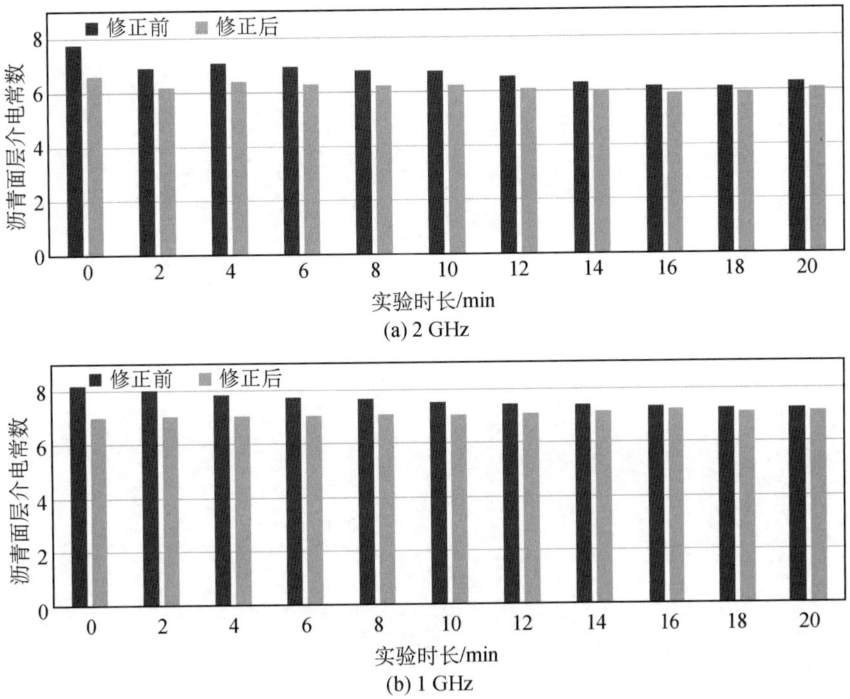

图 4-28　使用平均反射系数法修正的介电常数结果

5 压实过程振动噪声的处理

本节讨论两种探地雷达的连续测量工况：车载雷达和压路机载雷达。在新建或老旧路面的高速连续测量中，车载探地雷达会安装在不同的交通工具上；在压实控制过程中，探地雷达会安装在压路机上进行实时信号扫描。在这两种情况下，压路机钢轮或充气轮胎以及汽车橡胶轮胎与路面之间的耦合会造成整个探地雷达系统的振动，尤其是天线部位。同时，压路机的振动压实模式会进一步加剧该振动的影响。振动产生的对应噪声会干扰探地雷达介电常数和密度测量值的精确度，甚至会完全屏蔽介电常数和密度曲线随扫描距离或时间的真实分布情况。因此，振动噪声在连续探地雷达测量工况中的影响需要深入研究。

本书使用一种常用的数字信号处理方法，即数字滤波达到消除或减小振动噪声影响的目的。首先，通过频域分析得到探地雷达密度分布曲线不同的频率成分并分析出振动噪声的组分。其次，通过比选有限冲激响应滤波器和无限冲激响应滤波器的特征，选择基于窗函数的有限冲激响应滤波器进行密度分布曲线的滤波，从而达到振动噪声降噪的目的。基于现场试验的数据用来证明所述方法的可靠性。

5.1 振动噪声的原因和频域分析

在探地雷达的连续测量中，天线以很高的频率发射和接收电磁波信号（100Hz 或更高）。同时，车辆或压路机的振动会导致天线剧烈振动。根据电磁波传输原理，对于某一固定目标，雷达接收的电磁波反射强度和雷达与目标之间的距离呈负相关（Balanis, 1999; 2016; Stutzman and Thiele, 2012）。这表明在雷达剧烈振动的过程中，路表面反射信号的强度会随天线位置不停变化，进而导致反射系数以及介电常数的测量值随天线位置剧烈变化而变化。这种振动噪声会影响密度测量值的精确度，甚至会完全屏蔽真实的密度分布，从而对过度压实或压实不足的判断造成影响。图 5-1(a)和(b)分别是车载和压路机载探地雷达得到的密度分布曲线测量值（Wang et al., 2019; Zhao and Al-Qadi, 2019）。可以看出，根据探地雷达的采样频率，在密度曲线中出现了厘米(cm)级别的高频噪声和大幅突变。由于在压实过程中，新修路面的变化应为米(m)级别，由此可推测：在得到的密度分布曲线中，振动噪声应属于高频部分。同时，探地雷达空气耦合天线发射的电磁波能量在路面的覆盖范围为 1～2 m 尺寸的椭圆（假设天线悬挂高度为 50 cm）区域。由此可知，天线对密度变化感知的分辨率为米级别，小于该尺度的介电常数突变为振动引起的噪声。

图 5-2 是图 5-1(a)的频谱强度图。在计算该频谱强度时需要先对密度曲线去背景化（减去其平均值）以避免在 0 Hz 出现远高于其他频率组分的脉冲状信号（Manolakis and Ingle, 2011; McClellan et al., 2003）。图 5-2 中的频谱组分显示：在靠近 0 Hz 位置会出现一个较大的频率组分，然后迅速衰减直至 1 rad/s 左右。前已述及，新建路面的密度变化应为米级别，而振动噪声对密度预测值的影响为厘米级别甚至更小。同时，

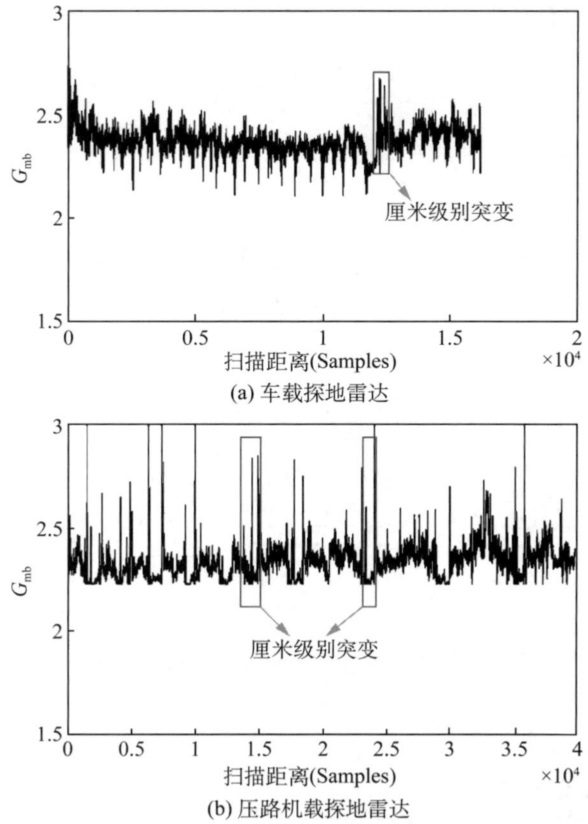

图 5-1　通过车载(a)和压路机载(b)探地雷达得到的密度分布曲线

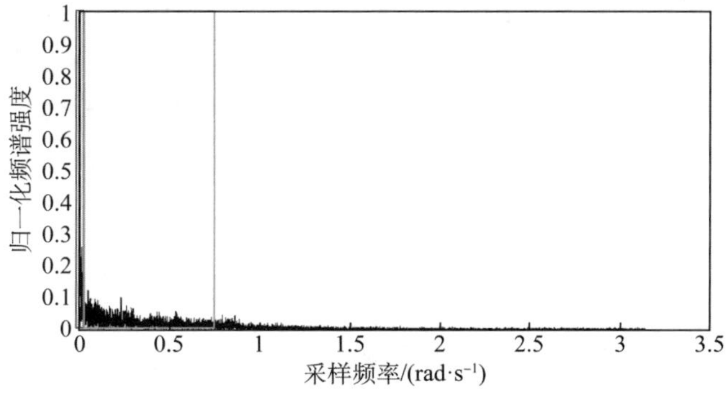

图 5-2　密度分布曲线的频谱强度图

根据空气耦合天线的电磁波场原理，当天线距离路面 0.5 m 高度左右时，路面被覆盖的范围是长轴为 1 m、短轴为 0.5 m 的椭圆区域(Annan，2005)。在两个相邻的雷达信号间，由于天线电磁波覆盖的面积较大，横向分辨率受限，厘米级别的变化不易被检测到。图 5-3 中相邻两个信号无法识别病害位置在 A 或 B，或者位置在 C 或 D。也就是说，密度预测值中厘米级别以下的信息是不可靠的。由此可知，低频段应为真实密度变化的频率组分。频谱强度图中 0.04～1 rad/s 部分强度随频率值线性递减，这是粉噪音。粉噪音来源于振动工况下天线以及探地雷达其他电子元件中的电磁耦合，以及模拟-数字转换器和数字-模拟转换器之间的耦合（Dutta and Horn，1981；Norton and Karczub，2003）。1 rad/s 以上的频率部分为白噪音。由此可知，需要使用低通滤波器消除高频段振动噪声的影响以获得真实的路面密度变化信息。

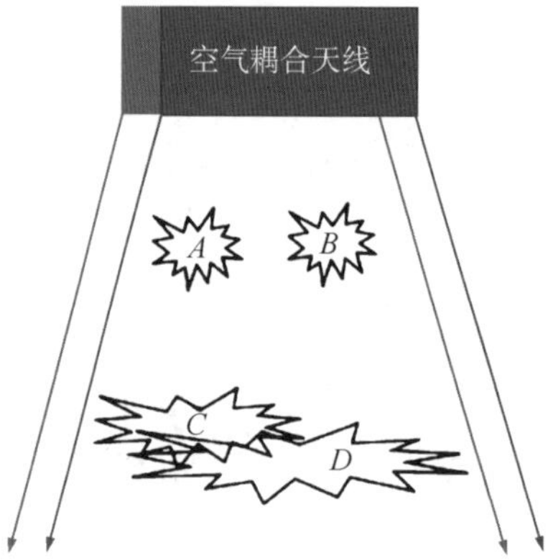

图 5-3　探地雷达天线横向分辨率示意

5.2　数字滤波器原理

任何一个系统都需要输入和输出。数字（离散）系统对离散的输入数据点进行处理并得到离散的输出数据点。滤波器作为一种特定的系统用来去除或改变输入值的某些特性以获得输出（Manolakis and Ingle，2011；McClellan et al.，2003）。本节中输入值为探地雷达的密度测量值源数据（包括振动噪声），而输出值为去除振动噪声后的密度分布曲线。数字滤波器可分为有限冲激和无限冲激两种。通用的滤波器时域表达如式（5-1）所示：

$$y[n]=\sum_{k=0}^{N} a_k x[n-k]+\sum_{i=0}^{M} b_i y[n-i] \tag{5-1}$$

式中　a_k，b_i——冲激响应递归和递进系数；

$x[n]$，$y[n]$——分别是输入值和输出值。

该式表明 n 时刻的输出值由 N 个输入值和 M 个前序得到的输出值的线性组合而得；因此，该滤波器形式也叫线性滤波器。对于有限冲激滤波器而言，b_i 为 0，由此该滤波器为递归滤波器，输出值只由“过去”的确定输入值决定，如式（5-2）所示：

$$y[n]=a_0x[n]+a_1x[n-1]+a_2x[n-2]+\cdots+a_Nx[n-N]=\sum_{k=0}^{N} a_k x[n-k] \tag{5-2}$$

这表明有限冲激滤波器的线性时不变特性:滤波前后的密度分布曲线只会出现一个线性相位差,而密度曲线的分布(或形状)保持完全一致。这对于从密度分布曲线中观测过度压实或压实不足信息非常重要。基于此,本章只使用有限冲激滤波器。线性相位差的大小由滤波器的阶数确定。

有限冲激滤波器设计最重要的部分就是确定式(5-2)中的递归系数。对于一般的滤波器设计,时域、频域和 z 域都可用来确定滤波器参数(Manolakis and Ingle, 2011)。递归系数通常在频域内使用频域响应来确定。设计的准则是通过调整滤波器时域中的参数(本章为递归参数)实现去除输入值的部分频段的目的,从而将滤波器分为低通滤波、高通滤波和带通滤波三类。以均值滤波器为例:该滤波器在时域中计算阶数范围内输入值的平均值得到输出值,其对应的频域响应为等值的矩形窗函数(McClellan et al., 2003)。图 5-4(a)和(b)分别为 10-阶和 100-阶均值滤波器的频域响应。阶数越高,低通滤波截断频率越小,输出值的变化越平缓,这与时域中参与均值的输入值越多、输出值变化幅度越小的观测相符。

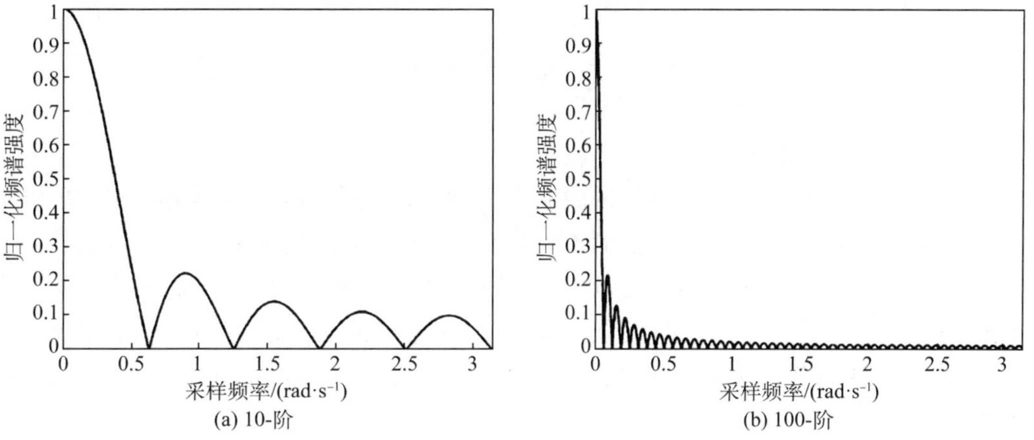

图 5-4　10-阶和 100-阶均值滤波器的频域响应

在本章中,滤波器均由 MATLAB 的 Filter Design and Analysis Tool 模块生成(MathWorks, 2020)。有限冲激滤波器的种类、阶数和低通截断频率由密度曲线的频谱强度决定。本章只使用基于窗函数的滤波器。这种滤波器对计算硬件要求低且易于生成,其输出值本质上为输入值的加权平均,权重为递归系数。

5.3 探地雷达密度曲线振动噪声降噪算法

5.3.1 基于窗函数的有限冲激响应滤波器设计

如前所述,真实的密度变化信息应处于密度分布曲线的低频段。为获取这部分信息,需要使用低通滤波器移除高频段的噪声信息。理想低通滤波器的频域响应应完全保留截断频率以下的频率组分并完全移除该频率以上的部分，如图 5-5 所示（截断频率为 1 rad/s），其对应的时域冲激响应和频域频率响应分别如式（5-3）和式（5-4）所示。

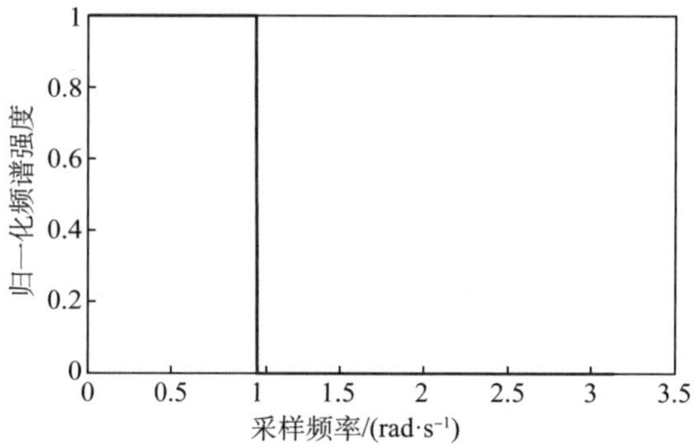

图 5-5　理想低通滤波器的频域响应

$$H_d(\Omega)=\begin{cases}1, & |\Omega|<\Omega_c\\ 0, & \Omega_c<|\Omega|<\pi\end{cases} \tag{5-3}$$

$$h_d[n]=\frac{\sin(\Omega_c n)}{\pi n} \tag{5-4}$$

式中　Ω_c ——归一化截断频率；

$h_d[n]$，$H_d(\Omega)$ ——时域的冲激响应和频域的频率响应。频率响应中 Ω_c 以下为等值而 Ω_c 以上为 0，对应的冲激响应为 sin c 函数。

然而，式（5-4）在现实情况下是无法实现的，因为该冲激响应需要输入信号阶数为无限大来达到频率响应在 Ω_c 的完全截断，且当 n 趋向正无穷时，该冲激响应是无边界的。这有悖于滤波器设计中“有限输入，有限输出”（bounded input，bounded output）的原则（McClellan et al.，2003）。

为了获得可用于工程应用的数字滤波器，一种常见的做法是使用某种窗函数去“截取”式（5-4）中的理想滤波器冲激响应，如式（5-5）所示。图 5-6 为使用一个 50-阶矩形窗函数截取后的有限冲激响应滤波器的频率响应。该图由 MATLAB 的 Filter Design and Analysis Tool 模块绘制。

$$h[n]=h_d[n]w[n] \tag{5-5}$$

图 5-6 和理想低通滤波器的频率响应（图 5-5）最大的区别在于通带和阻带的模糊性。在理想滤波器中，Ω_c 以下均为通带，以上均为阻带。然而，在图 5-6 中，通带呈现为低频段的一个主瓣和部分后续旁瓣。这是由于窗函数和理想滤波器冲激响应在时域中相乘等同于对应窗函数的频率响应和理想滤波器频率响应在频域的卷积，如式（5-6）所示。这会造成通带和阻带的振荡现象，即吉布斯现象（Manolakis and Ingle，2011；McClellan et al.，2003）。

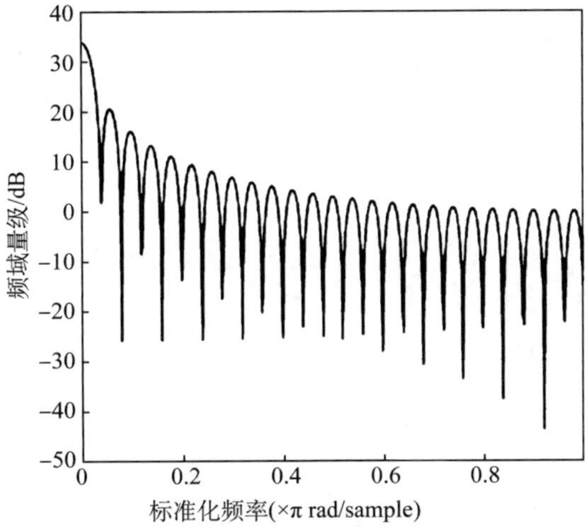

图 5-6 50-阶矩形窗滤波器的频域响应

$$H(\omega)=H_d(\omega)*W(\omega)=\frac{1}{2\pi}\int_{-\pi}^{\pi}H_d(\theta)W(\omega-\theta)\mathrm{d}\theta \tag{5-6}$$

式中，$H(\omega)$，$H_d(\omega)$ 和 $W(\omega)$ 分别是 $h[n]$，$h_d[n]$，$w[n]$ 对应的频率响应。滤波器设计的准则是通过数学变换使滤波器频率响应在截断频率附近接近理想滤波器的值。在基于窗函数的有限冲激响应滤波器设计中，某些窗函数可缓解吉布斯现象（不能完全消除）。4 种常见的窗函数，即 Bartlett 窗、Hann 窗、Hamming 窗和 Blackman 窗函数被用于生成对应的滤波器。窗函数的表达式如式(5-7)—式(5-10)所示。

$$w[n]=\begin{cases}\frac{2n}{N}, & \left(0<n<\frac{N}{2}, N \text{ 为偶数}\right)\\ 2-\frac{2n}{N}, & \left(\frac{N}{2}<n<N, N \text{ 为奇数}\right)\\ 0, & (\text{其他})\end{cases} \tag{5-7}$$

$$w[n]=\begin{cases}0.5-0.5\cos(2\pi n/N), & (0<n<N)\\ 0, & (\text{其他})\end{cases} \tag{5-8}$$

$$w[n]=\begin{cases}0.54-0.46\cos(2\pi n/N), & (0<n<N)\\ 0, & (\text{其他})\end{cases} \tag{5-9}$$

$$w[n]=\begin{cases}0.42-0.5\cos(2\pi n/N)+0.08\sin 4\pi n/N, & (0<n<N)\\ 0, & (\text{其他})\end{cases} \tag{5-10}$$

图 5-7 是一个 50-阶的 hamming 窗函数频率响应，与图 5-6 的矩形窗相比，虽然通带和阻带仍然有振荡现象，但振荡的幅度大大降低。

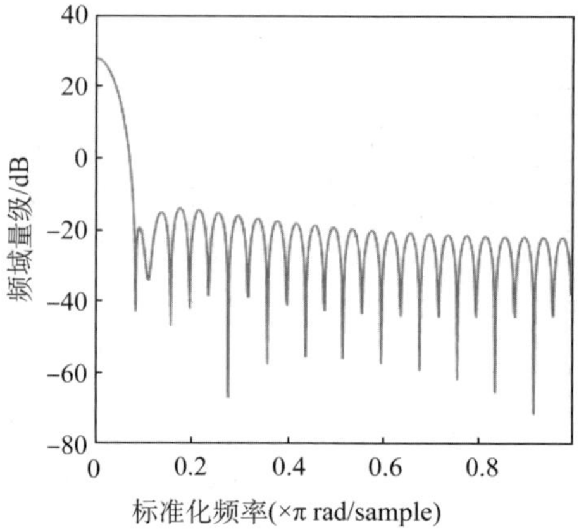

图 5-7 50-阶 Hamming 窗滤波器的频域响应

5.3.2 截断频率和阶数的确定

如前所述，滤波器设计的目的是去除高频段的振动噪声。对基于窗函数的有限冲激响应滤波器，需要的参数为截断频率和阶数。根据前文密度分布曲线频谱分析结果，截断频率可设置在 0.01667π rad/s，用以保留 5 m 及以上的路面密度变化信息。该截断频率是根据车载距离测量器（DMI）的采样频率，即 12 scan/m 得到的（Wang et al., 2020）。

对于阶数，理论上应通过通带和阻带之间的过渡带带宽确定。滤波器设计原理表明对于不同的窗函数，阶数和过渡带带宽呈线性负相关（Manolakis and Ingle, 2011）。然而，图 5-2 中的密度分布曲线频谱强度无法确定一个明显的过渡带带宽。由于使用了距离测量器，可以根据路面质检钻芯取样的标准来决定阶数。美国伊利诺伊州交通厅要求对于路面面层厚度大于 0.075 m 的新建路面，取样间隔大致为 160 m（Illinois Department of Transportation, 2018a; 2018b）。由于 160 m 对应探地雷达数据中 1920 个数据点（DMI 决定了 12 scan/m），1920 即可作为窗函数的阶数。已有研究表明在使用距离测量器的情况下，当窗函数阶数超过 200 时，低通滤波效果已较为可观（Wang et al., 2018）。

滤波完成后，线性相位差可以通过相位平移实现。对于基于窗函数的有限冲激响应滤波器，平移距离应为阶数的一半，如式(5-11)所示：

$$y[n]=y[n+N/2] \tag{5-11}$$

5.4 基于实时压实监控数据的算法验证

车载空气耦合探地雷达被用于现场试验验证。探地雷达中心频率为 2 GHz。天线被安装在车后方。所测量的路面在试验当天的前一天完成压实，可假设为新建路面。路面厚度为 0.1 m。使用的 DMI 采样频率为 12 scan/m。

图 5-8　车载探地雷达进行路面连续高速扫描示意

由于现场无法使用芯样反算路面沥青混合料集料的介电常数，本章使用 7 作为该值的估计值并使用 Al-Qadi Lahouar Leng [ALL，见第 3 章式(3-13)]预测模型进行密度曲线的绘制，如图 5-9 所示。在绘制密度曲线前，探地雷达信号已通过厂家初始设置的滤波器对周围环境噪声(手机电磁干扰、输电线干扰等)进行滤波处理(GSSI, 2020)。图 5-9 中的大幅突变会干扰有限冲激响应滤波器的效果。由此，密度曲线均值±0.1 被作为阈值用来去除大幅突变的影响。比如在本章中密度区间为 2.3～2.5。

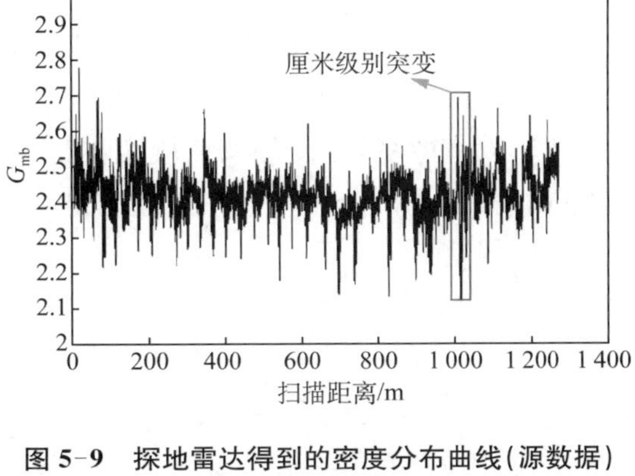

图 5-9　探地雷达得到的密度分布曲线(源数据)

阈值设定完成后，使用基于不同窗函数的有限冲激响应滤波器对阈值内的密度测量值进行滤波。截断频率设置为 0.01667π rad/s，用来获取 5 m 及以上的密度变化信息。图 5-10 为滤波前后的密度曲线。密度测量值通过空隙率呈现。不同窗函数的结果在表 5-1 中列出。均值滤波器的结果也呈现在表 5-1 中。均值滤波器的阶数为 60，以对应 5 m 及以上的密度变化信息由 12 scan/m 得到。

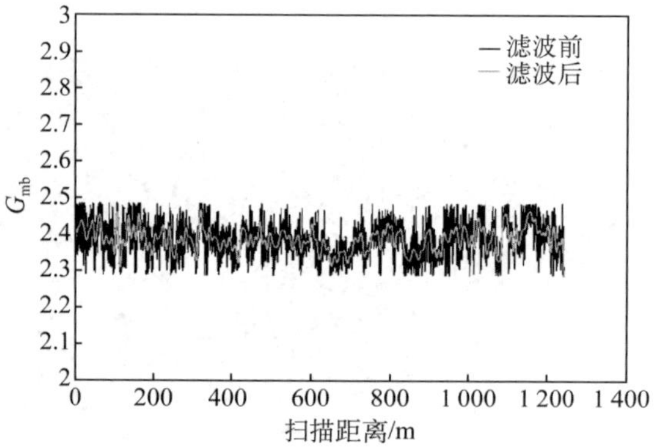

图 5-10　使用 Hamming 窗滤波器滤波前后的密度分布曲线

表 5-1　不同窗函数滤波器的空隙率测量均值和标准差

窗函数	空隙率	
	平均值	标准差
未使用窗函数	6.3%	2.2%
Hamming 窗	6.3%	1.2%
Hann 窗	6.3%	1.2%
Bartlett 窗	6.3%	1.2%
Blackman 窗	6.3%	1.2%
均值窗	6.3%	1.2%

图 5-10 和表 5-1 中显示滤波器可以有效去除振动影响带来的高频噪声。表5-1中显示空隙率数据的标准差在滤波后下降。同时，滤波前后的空隙率平均值没有变化，这表明密度曲线的分布在滤波后没有改变，过度压实或压实不足的信息得到了保留。同时，在图 5-10 中密度曲线随扫描距离的分布信息在滤波后得以保留，压实过程中压路机操作员可根据该曲线进行局部返工。

6 探地雷达沥青混合料现场密度预测操作流程

6.1 探地雷达设备选择
6.2 沥青混合料信息收集
6.3 集料介电常数确定
6.4 探地雷达数据采集和降噪
6.5 ALL 模型密度预测
6.6 操作实例

本章基于前面章节的研究内容和成果制定了基于探地雷达沥青混合料现场密度测试的指南，用以指导现场操作。这个指南主要包括以下内容：探地雷达设备选择，沥青混合料信息收集，集料介电常数确定，探地雷达数据采集和降噪，使用探地雷达数据及密度预测模型进行密度预测。

6.1 探地雷达设备选择

基于以下原因，建议使用空气耦合式探地雷达系统进行沥青路面密度的检测：

(1) 地面耦合式天线的信号里会有耦合信号和路表反射信号的重叠，因此很难确定表面反射信号的强度及信号传播时间，从而导致对沥青路面介电常数预估的误差。

(2) 采用空气耦合式天线进行数据采集可以在高速下完成，而采用地面耦合式天线必须在低速状态下进行数据采集，以免损坏天线表面。

(3) 地面耦合式天线的信号可能会有振铃噪音，特别是对于比较薄的路面结构。这里的振铃是指距离雷达接收器不同距离目标反射信号的重叠。在路面工程中指不同埋深物体的反射信号的重叠。振铃噪音可能会掩盖真实信号，从而导致产生检测误差。

目前，最常见的空气耦合式天线的中心频率为 1 GHz 和 2 GHz。虽然本书试验选用了 2 GHz 的空气耦合式天线，但是这两种中心频率的天线均适用于沥青路面现场密度的检测。不过，如果所检测的沥青路面的厚度较薄(小于或等于 51 mm)则推荐使用 2 GHz 的天线，因为 1 GHz 天线的信号里沥青面层的表面和底面反射波之间可能会产生重叠，从而影响介电常数估计值的精度。为了掌握探地雷达测量介电常数/密度值的具体位置，推荐在数据采集过程中使用距离测量仪(DMI)或全球定位系统(GPS)。当用距离测量仪时，必须记录数据采集的起始位置作为定位的参考。

6.2 沥青混合料信息收集

为了使用探地雷达对沥青混合料的密度进行检测，必须知道密度预测模型中的一些基本混合料性质参数。这些参数包括混合料的最大理论密度(G_{mm})、集料的有效密度(G_{se})、沥青用量(P_b)以及集料类型。所有这些信息均可从沥青混合料的设计资料中获取。如果设计混合料和实际生产的混合料之间有明显差异，则建议对实际生产的混合料进行试验，以此来获取参数。

6.3 集料介电常数确定

在收集完沥青混合料的基本信息后，需要确定集料的介电常数(ε_s)。推荐使用芯样数据进行反算。芯样的介电常数(ε_{AC})可以由探地雷达数据计算得到,对应的毛体积密度(G_{mb})可以由室内试验得到。然后将芯样的 ε_{AC} 和 G_{mb} 数据代入密度预测模型就可以反算得到 ε_s。获得的某种沥青混合料的集料的介电常数的取值建议保存到数据库中。如果在将来使用同类沥青混合料,该值可以直接被调用。值得注意的是,ε_s 是密度预测模型中唯一的未知参数。理论上一个芯样的数据可以确定该参数的取值。但考虑到探地雷达信号本身的变异性,建议使用最少两个芯样,并选用反算值的平均值作为该参数的取值。

除了使用芯样数据进行反算外,ε_s 的取值也可以通过探地雷达测得的 ε_{AC} 和核子密度仪在同一位置测得的 G_{mb} 进行反算得到。这种方法的优点在于无须钻芯取样,是完全的无损检测。然而,反算值对核子密度仪的精度较为敏感,如果核子密度仪误差较大将会严重影响探地雷达密度预测值的精度。

6.4 探地雷达数据采集和降噪

探地雷达数据采集的主要目的是得到沥青路面的介电常数在行车方向的剖面图并用作密度预测模型的输入。为了保证雷达数据的可靠性,探地雷达数据采集应该在测试前至少连续 3 天没有下雨的情况下进行。在获取到介电常数值后,需要使用路表水降噪算法去除其影响,然后使用数字滤波器进行振动噪声的降噪。最后,结果将以平滑的密度曲线或密度随压实次数的压实曲线方式呈现。

6.5 ALL 模型密度预测

操作流程的最后一步是在密度预测模型中输入沥青混合料的基本信息,通过集料的介电常数以及沥青路面的介电常数来预测沥青路面的毛体积密度。基于本书中的研究成果,推荐使用 ALL 模型密度预测。

6.6 操作实例

在本节中,将以试验场中的试验道Ⅲ作为实例,演示使用探地雷达进行沥青路面密度检测的操作流程。

(1) 探地雷达设备选择。由于试验道Ⅲ的沥青面层的厚度较薄(6.3 cm),采用如图 3-23所示的 2 GHz 高频率空气耦合式雷达系统进行数据采集。此外,为了准确定位探地雷达数据,在雷达检测车上安装了距离测量仪。

(2) 沥青混合料基本信息收集。对于试验道Ⅲ中所用的沥青混合料,收集到的混合料的基本信息如表 6-1 所列。

表 6-1　　混合料设计值(试验道Ⅲ)

P_b/%	G_{se}	G_{mm}	G_b	ε_b
5.4	2.682	2.501	1.015	3

(3) 集料的介电常数确定。为了确定试验道Ⅲ混合料的集料的介电常数,在试验段1钻取两个芯样。如表 6-2 所列,探地雷达检测得到的两个芯样的介电常数分别为5.25 和 5.12;而室内试验测得的芯样的毛体积密度分别为 2.364 和 2.353。将芯样的 ε_{AC} 和 G_{mb} 数据代入 ALL 模型,即式(3-13),可以得到如表 6-2 中的 ε_s 的平均值(6.25)。

表 6-2　　反算得到的集料介电常数(试验道Ⅲ)

芯样#	ε_{AC}	G_{mb}	ε_s
1	5.25	2.364	6.30
2	5.12	2.353	6.19
平均值			6.25

(4) 探地雷达数据采集。对试验道Ⅲ的探地雷达数据采集在一个之前连续 3 天没有下雨的晴天进行。图 6-1 是根据式(2-27)得到的纵向的介电常数剖面图。从图中可以清楚地看到介电常数从试验段 1 到试验段 4 下降的趋势。

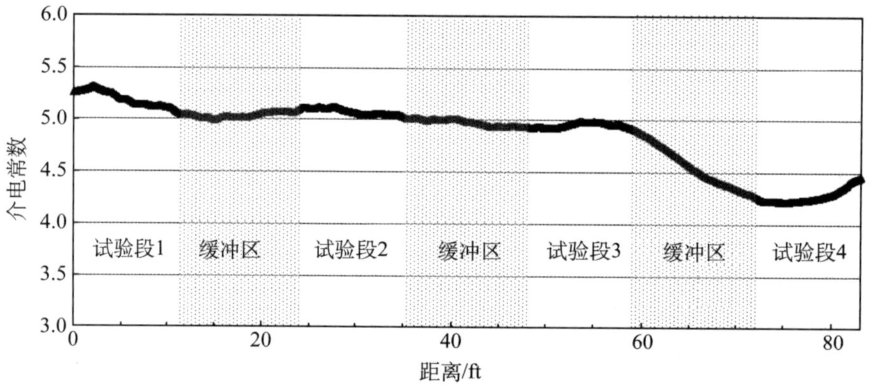

图 6-1　介电常数沿探地雷达测试路径方向的分布(试验道Ⅲ)

(5) 密度预测。最后一步为应用 ALL 模型进行密度预测。将表 6-1 中混合料的基本信息,表 6-2 中集料的平均介电常数,以及图 6-1 中沥青路面的介电常数剖面图代入式(3-13)可以得到如图 6-2 所示的沥青路面的毛体积密度曲线。从该图中可以清楚地看到毛体积密度从试验段 1 到试验段 4 逐渐下降的趋势。借助图 6-2 中的毛体积密度的数据以及最大理论密度,可计算得到如图 6-3 所示的空隙率沿距离方向的曲线。如本书 3.2.1 节中所述,试验段 1,2,3,4 的目标空隙率分别为 4%,6%,9%和 12%。图 6-3表明试验段 3 和 4 的空隙率接近目标空隙率,而且这两个试验段的密度也相对均匀。但是,试验段 1 和 4 的空隙率均高于目标空隙率。而且这两个试验段的密度变异性也较大。这可能是因为试验段 1 被过度压实了,而试验段 4 压实不够。在实际工程中,通过得到如图 6-3 所示的空隙率曲线可以实时定位过度压实或压实不足的区域。

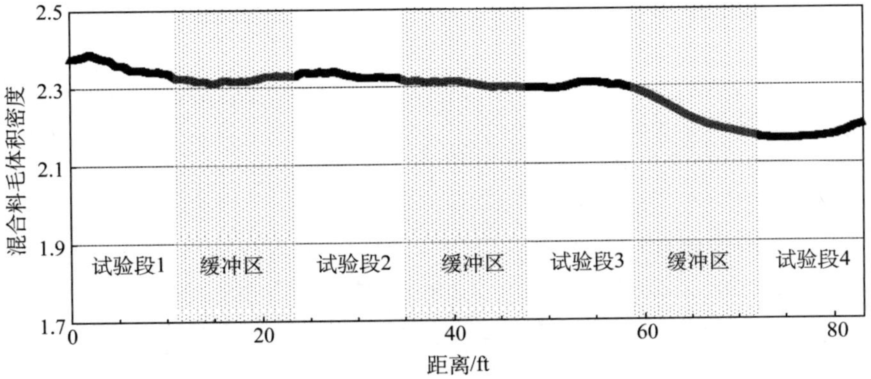

图 6-2 毛体积密度沿探地雷达测试路径方向的分布(试验道Ⅲ)

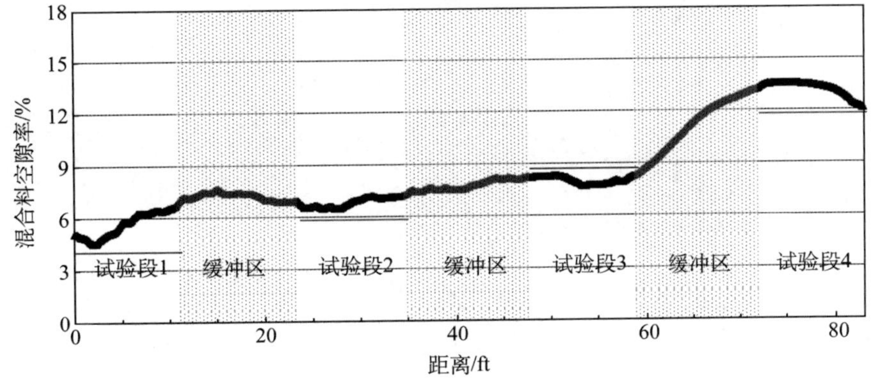

图 6-3 混合料空隙率沿探地雷达测试路径方向的分布(试验道Ⅲ)

7 总结与展望

沥青混合料的现场压实度是决定沥青路面长期服役水平和可靠性的关键指标。压实不足或压实过度均会导致沥青路面的早期破坏。实验室测芯样密度法和现场核子密度仪检测法是传统常用的沥青路面现场密度或压实度评价方法。但是,这两种方法都存在局限性。现场钻芯取样会破坏路面,导致交通延误,且只能提供离散的、有限的数据。核子密度仪法也无法提供连续的密度数据。此外,因为核子密度仪法使用了放射性材料,所以只有经过专业培训的人才能操作该仪器。为了克服这两种传统方法的局限,本书建立了通过探地雷达对沥青路面的现场密度进行无损、准确、连续、快速检测的新方法,并提供了翔实、可行的数字信号处理成套技术。

首先,本书介绍了路面质量的无损评估方法、探地雷达电磁理论以及探地雷达在路面检测中的应用。其次,根据电磁混合理论,建立了基于 CRIM 模型和 Bottcher 模型的混合料密度预测模型。为了得到这些模型的实测输入数据,进一步设计并建造了一个含有 6 条车道的试验场。通过在该试验场提取的 40 个芯样的实测密度数据与探地雷达的预测密度的比较,发现两种模型均能有效地预测沥青混合料密度,但相比较而言,Bottcher 模型效果更好。为了进一步提高 Bottcher 模型的预测精度,在模型中引入了形状因子来考虑混合料中空隙及集料的非圆形的影响。通过非线性最小误差拟合找到了形状因子的合理取值为−0.3,并将选用−0.3 形状因子的优化密度模型命名为 ALL 模型。ALL 模型的预测精度通过在美国芝加哥地区服役路面的现场数据得到验证。

精确预测沥青混合料的介电常数是使用 ALL 模型进行可靠密度值预测的必要条件。为了提高沥青混合料介电常数预测的精度,本书介绍了在探地雷达进行路面压实控制应用中路表水和现场施工机械的振动(包括车载雷达和压路机载雷达)的噪声形成机理,并提出了可以在数据采集过程中进行实时降噪的数字信号处理方法。

对于路表水降噪,本书首先提出了压实过程中路表水对探地雷达的介电常数和密度测量值的影响,然后借助 FDTD 数值模拟和室外实验发现了路表水影响下的频率选择效应,该效应用于去除路表水影响获得修正的探地雷达介电常数预测值。本书提出了 3 种修正方法。第 1 种,参照信号法,这种方法使用某固定频率获得修正系数并需要在压实完毕的新建路面读取雷达信号作为参照信号;第 2 种,改进的参照信号法,该方法使用迭代的方式可获取不同探地雷达中心频率下的截断带宽用以计算修正系数,但该方法需要不同路表水含量的实验室控制实验对新的中心频率下的频率选择带宽进行标定;第 3 种,平均反射系数法,该方法使用反射系数频谱在频率选择带宽内的平均值作为修正系数,对计算的要求低,可用于现场路面的实时压实控制。

对于振动噪声降噪,本书讨论了探地雷达在车载连续测量和压实控制过程中振动噪声的影响以及对应降噪方法。密度曲线的频谱强度表明密度变化信息处在低频段。低通滤波器可用于获取低频段的密度变化信号。通过比选不同种类的低通滤波器,确定了使用基于窗函数的有限冲激响应低通滤波器。滤波器的截断频率和阶数由密度曲线的频谱强度决定。现场试验数据结果表明使用基于窗函数的滤波器可有效去除振动噪声对密度分布曲线中过度压实或压实不足判断的影响。

最后，本书给出了使用探地雷达进行沥青路面现场密度检测的操作流程用以指导工程实践操作。

7.1 主要成果与结论

以下是本书介绍的相关研究的主要成果：

(1) 沥青混合料的密度与其介电常数之间存在正相关性，即：混合料的介电常数会随着其密度的增加而变大。这一结果在室内和现场试验均得到了验证，且与沥青混合料的类型无关。这保证了介电常数-密度模型的普适性。

(2) 通过对 CRIM 模型和 Bottcher 进行推导可得到基于沥青混合料介电常数的密度预测模型。在使用一个芯样做参数校核后，两种模型对 35 个芯样的密度预测的平均误差分别为 2.7%和 2.5%。

(3) 考虑到沥青混合料中的空气和集料的形状不是球形，本书在 Bottcher 模型中引入了形状参数，并通过试验场数据确定了形状参数取值，建立了 Al-Qadi Lahouar Leng (ALL)模型。

(4) 服役路面的现场数据表明，当采用 2 个芯样进行集料介电常数校核后，使用 ALL 模型的探地雷达预测精度相当甚至更优于核子密度仪。对于常规的不含钢渣的混合料，使用 ALL 模型的探地雷达的平均预测误差在 0.5%～1.1%，而核子密度仪的误差在 1.2%～3.1%。

(5) 建立了沥青路面压实过程中探地雷达路表反射波强度与沥青混合料密度之间的压实关系曲线。该曲线中，雷达反射波的强度首先随着混合料的压实而增大。但达到一定压实次数后，反射波的强度基本不再发生变化，表明沥青路面已经达到最大压实度。该压实曲线可用来帮助确定达到混合料最大压实度所需的压实次数。最大密度数据可作为不同位置压实度的参考。

(6) 施工现场数据表明，在 90～190 °F(32～88℃)的温度范围里，温度对混合料的雷达数据并无显著影响。所以，即使在较高的沥青混合料摊铺温度下，探地雷达仍然可以作为密度预测的有效工具。

(7) 沥青混合料中钢渣可能会降低探地雷达对混合料密度预测的精度。

(8) 在压实过程中，路表水对介电常数以及密度预测值的影响体现在时域信号的频率选择效应。本书依次提出了参照信号法、改进的参照信号法和平均反射系数法用以消除路表水噪声的影响。其中，平均反射系数法无须迭代，适用于不同中心频率的探地雷达天线，且计算简便，故在实际工程应用中推荐此方法。

(9) 车载以及压路机载探地雷达进行密度测量过程中会受到振动噪声的干扰。密度变化信息(压实控制需要)分布在密度曲线频谱强度的低频段。本书开发了基于低通滤波器的数字信号处理方法，用来消除振动噪声的影响，并提出了滤波器参数设置的方法。

以下是本书中描述课题研究得到的主要研究结论：

(1) 通过使用合理的介电常数-密度关系模型，可通过沥青混合料介电常数对其密度或空隙率进行预测。

(2) 在获得探地雷达数据后，建议使用 ALL 密度预测模型对沥青路面的现场密度进行预测。该密度预测模型的精度已得到服役路面现场数据的有效验证。

(3) 当采用探地雷达进行沥青路面的现场密度预测时，可以得到整个测试路段在行车方向的密度分布曲线。所以，和传统的只能提供离散数据的钻芯取样及核子密度仪方法相比，探地雷达可以提供更有效的路面密度预测。

(4) 压实过程中路表水和连续测量的振动噪声会对探地雷达密度预测结果的精确度造成较大影响。本书中介绍的数字信号处理成套技术可有效去除噪声以提高密度预测精度。

7.2 展望

(1) 本书讨论的密度预测模型仅适用于干燥状态的沥青混合料。同时，本书中考虑的水噪声仅为路表水。后续研究可进一步建立通用的考虑沥青混合料内部不同含水量影响下的密度预测模型，并评估其精度和可靠性，同时研究使用探地雷达同时预测沥青混合料密度及含水量的可行性。

(2) 沥青的老化会影响沥青混合料的介电常数值，继而造成基于探地雷达压实度预测值的误差。后续研究中需探究沥青老化对沥青混合料密度预测的影响。

(3) 为了实现对沥青混合料密度在施工过程中的实时监测，可进一步研究实现压路机载探地雷达进行压实控制的可行性，尤其是如何合理地安装探地雷达系统以及开发对应的数字信号处理技术以减少振动噪声对密度预测值精确度的影响。

(4) 压实过程中噪声处理的数字信号方法在实现过程中较为复杂。后续研究可开发针对压实过程中探地雷达密度预测降噪处理的专业软件。

参考文献

AASHTO T166, 2007. Standard method of test for bulk specific gravity of compacted hot mix asphalt (HMA) using saturated surface-dry specimens[S]. American Association of State Highway and Transportation Officials (AASHTO), Washington, D. C.

AASHTO T269, 2007. Standard method of test for percent air voids in compacted dense and open asphalt mixtures[S]. American Association of State Highway and Transportation Officials (AASHTO), Washington, D. C.

AASHTO T331, 2007. Standard method of test for bulk specific gravity and density of compacted asphalt mixtures using automatic vacuum sealing method[S]. American Association of State Highway and Transportation Officials (AASHTO), Washington, D. C.

ABO-QUDAIS S, SULEIMAN A, 2005. Monitoring fatigue damage and crack healing by ultrasound wave velocity[J]. Nondestructive Testing and Evaluation, 20(2): 125-145.

ACHENBACH J D, 1984. Wave propagation in elastic solids[M]. New York: Elsevier.

AL-QADI I L, 1992. Using microwave measurements to detect moisture in asphaltic concrete[J]. Journal of Testing and Evaluation. 20(1): 43-50.

AL-QADI I L, LAHOUAR S, 2005a. Measuring layer thicknesses with GPR-theory to practice[J]. Construction and Building Materials, 19(10): 763-772.

AL-QADI I L, LAHOUAR S, 2005b. Measuring rebar cover depth in rigid pavements with ground-penetrating radar[J]. Transportation Research Record: Journal of the Transportation Research Board 1907(1): 80-85.

AL-QADI I L, LAHOUAR S, LOULIZI A, 2001. In-situ measurements of hot-mix asphalt dielectric properties[J]. NDT & E International, 34(6): 427-434.

AL-QADI I L, LAHOUAR S, LOULIZI A, 2003. Successful application of ground-penetrating radar for quality assurance-quality control of new pavements [J]. Transportation Research Record: Journal of the Transportation Research Board, 18(61): 86-97.

AL-QADI I L, LAHOUAR S, JIANG K, et al. 2005. Accuracy of ground-penetrating radar for estimating rigid and flexible pavement layer thicknesses[J]. Transportation Research Record: Journal of the Transportation Research Board, 1940(1): 69-78.

AL-QADI I L, RIAD S M, 1996. Characterization of Portland cement concrete: electromagnetic and ultrasonic measurement techniques [R]. National Science Foundation, Washington, D. C.

AL-QADI I L, RIAD S M, SU W U, et al. 1996. Detecting flaws in Portland cement concrete using TEM horn antennae[C]. SPIE, 2946: 28-39.

ANNAN A P, 2005. Ground-penetrating radar[M]. Near-surface geophysics, Society of Exploration Geophysicists: 357-438.

ASTM E274, 2003. Standard test method for skid resistance of paved surfaces using a full-scale tire[S]. ASTM International, West Conshohocken, PA.

ASTM E445, 2003. Standard test method for stopping distance on paved surfaces using a passenger vehicle equipped with full-scale tires[S]. ASTM International, West Conshohocken, PA.

ASTM E670, 2003. Standard test method for side force friction on paved surfaces using the mu-meter[S]. ASTM International, West Conshohocken, PA.

ASTM,2005. Standard test method for percent air voids in compacted dense and open bituminous paving mixtures [S]. ASTM International, West Conshohocken, PA.

Austroads Test Method AG: AM/T009, 2007. Pavement rutting measurement with a multi-laser profilometer[S]. Australia.

BALANIS C A, 1999. Advanced engineering electromagnetics[M]. John Wiley & Sons. New York.

BALANIS C A, 2016. Antenna theory: analysis and design[M]. John Wiley & Sons. New York.

BAY J A, STOKOE K H, 1998. Development of a rolling dynamic deflectometer for continuous deflection testing of pavements [R]. University of Texas at Austin, Center for Transportation Research.

BEHARI J, 2005. Microwave dielectric behavior of wet soils[M], Springer, New York.

BELLI K, RAPPAPORT C M, ZHAN H, et al. 2009. Effectiveness of 2-D and 2.5-D FDTD ground-penetrating radar modeling for bridge-deck deterioration evaluated by

3-D FDTD[J]. IEEE Transactions on Geoscience and Remote Sensing, 47(11): 3656-3663.

BLACK K, KOPAC P, 1992. The application of ground-penetrating radar in highway engineering[J].Public Roads, 56(3): 96-103.

CARDIMONDA S, WILLEFORD B, WEBB D, et al. 2003. Automated pavement analysis in Missouri using ground penetrating radar[R]. University of Missouri-Rolla, Department of Geology and Geophysics.

CHANG G K, XU Q, RASMUSSEN R, et al. 2010. Accelerated implementation of intelligent compaction technology for embankment subgrade soils, aggregate base, and asphalt pavement materials[R]. Federal Highway Administration, Washington, D.C.

CHEN D, SCULLION T, 2008. Detecting subsurface voids using ground-coupled penetrating radar[J]. ASTM Geotechnical Testing Journal, 31(3): 217-224.

CHEW W C, 1995. Waves and fields in inhomogeneous media[M]. IEEE Press, New York.

COMMURI S, LEMON B, 2007.Intelligent asphalt compaction analyzer[R]. Federal Highway Administration, Washington, D.C.

DUTTA P, HORN P M, 1981. Low-frequency fluctuations in solids: 1/f noise[J]. Reviews of Modern Physics, 53(3): 497.

EVANS R, FROST M, MORROW R, 2012. Assessing the influence of moisture on the dielectric properties of asphalt[C]. 14th International Conference on Ground Penetrating Radar (GPR): 536-541. IEEE.

GIBSON A, POPOVICS J S, 2005. Lamb wave basis for impact-echo method analysis [J]. Journal of Engineering Mechanics, 131(4): 438-443.

GSSI: ANTENNAS MANUAL[EB/OL].[2020-12-20]. https://www.geophysical.com/support#resource-center.

GUZINA B B, OSBURN R H, 2002. Effective tool for enhancing elastostatic pavement diagnosis [J]. Transportation Research Record: Journal of the Transportation Research Board, 1806: 30-37.

GUCUNSKI N, KRSTIC V, 1996. Backcalculation of pavement profiles from spectral-analysis-of-surface-waves test by neural networks using individual receiver spacing approach [J]. Transportation Research Record: Journal of the Transportation Research Board, 1526: 6-13.

HILL M, MCHUGH J, TURNER J D, 2000. Cross-sectional modes in impact-echo testing of concrete structures[J]. Journal of Structural Engineering, 126: 228-234.

HUSTON D R, PELCZARSKI N V, ESSER B, et al. 2000. Damage detection in roadways with ground penetrating radar[C]. Proceedings of the Eighth International Conference on Ground Penetrating Radar,Gold Coast, Australia, 91-94.

ILLINOIS DEPARTMENT OF TRANSPORTATION (IDOT), 2018a. Internal memorandum 80347: special provision for pay for performance using percent within limits-jobsite sampling[S]. Springfield, Illinois.

ILLINOIS DEPARTMENT OF TRANSPORTATION (IDOT), 2018b. Internal memorandum 80383: special provision for pay for hot mix asphalt-quality control for performance[S]. Springfield, Illinois.

JIANG Z Y, PONNIAH J, CASCANTE G, et al. 2006. Improved ultrasonic pulse velocity technique for bituminous material characterization[C]. Annual Conference & Exhibition of the Transportation Association of Canada, Charlottetown, Prince Edward Island, Canada.

JIN J, 2010. Theory and computation of electromagnetic fields[M]. John Wiley & Sons, Hoboken New Jersey.

JOYCE R P, 1985. Rapid nondestructive delamination detection[R]. Final Report No. FHWA/RD-85/051. Federal Highway Administration, Washington, D. C.

KHAZANOVICH L, VELASQUEZ R, NESVIJSKI E G, 2005. Evaluation of top-down cracks in asphalt pavements by using a self-calibrating ultrasonic technique[J]. Transportation Research Record: Journal of the Transportation Research Board, 1940: 63-68.

KILLINGSWORTH B M, 2004. Quality characteristics for use with performance related specifications for hot mix asphalt[R]. NCHRP Project 9-15 Research Results Digest 291, Washington, D.C.: Transportation Research Board, National Research Council.

LAHOUAR S, 2003. Development of data analysis algorithms for interpretation of ground penetrating radar data[D]. Blacksburg, VA: Virginia Polytechnic Institute and State University.

LAHOUAR S, AL-QADI I L, 2008. Automatic detection of multiple pavement layers from GPR data[J]. NDT and E International, 41(2): 69-81.

LAHOUAR S, AL-QADI I L, LOULIZI A, et al. 2002. Approach to determining in-situ dielectric constant of pavements: Development and implementation at interstate 81 in Virginia[J]. Transportation Research Record: Journal of the Transportation Research Board, 1806: 81-87.

LENG Z, AL-QADI I L, BAEK J, et al. 2009. Selection of antenna type and frequency for pavement surveys using GPR[C]. 88th Annual Meeting of the Transportation Research Board, Transportation Research Board of the National Academies, Washington, D.C.

LENG Z, AL-QADI I L, LAHOUAR S, 2011. Development and validation for in-situ asphalt mixture density prediction model[J].NDT&E International, 44(4): 369-375.

LOULIZI A, 2001. Development of ground penetrating radar signal modeling and implementation for transportation infrastructure assessment[D]. Blacksburg, VA: Virginia Polytechnic Institute and State University.

LOIZOS A, PLATI C, 2007. Accuracy of pavement thicknesses estimation using different ground penetrating radar analysis approaches [J]. NDT and E International, 40(2): 147-157.

LUO Q, BUNGEY J H, 1996. Using compression wave ultrasonic transducers to measure the velocity of surface waves and hence determine dynamic modulus of elasticity for concrete[J]. Construction and Building Materials, 10(4): 237-242.

LYTTON R L, 1995. System identification and analysis of subsurface radar signals [P]. U. S. Patent No. 5384715, Texas A&M University, Licensed to Lyric Technologies, Inc., Houston, TX.

LYTTON R L, 2000. Characterizing asphalt pavements for performance [J]. Transportation Research Record: Journal of the Transportation Research Board, 1723(1): 5-16.

MATHWORKS: MATLAB R2020A. Documentation: Introduction to filter designer [EB/OL]. [2020-12-20]. https://www.mathworks.com/help/signal/examples/introduction-to-filter-designer.html.

MALHOTRA V M, CARINO N J, 2004. Handbook on nondestructive testing of concrete[M]. CRC press.

MASER K R, 1996. Condition assessment of transportation infrastructure using ground-penetrating radar[J]. Journal of Infrastructure Systems, 2(2): 94-101.

MANOLAKIS D, INGLE V, 2011. Applied digital signal processing[M]. Cambridge University Press, Cambridge.

MCCLELLAN J H, SCHAFER R W, YODER M A, 2003. Signal processing first [M]. Pearson Education, Upper Saddle River, N.J.

MIT DRESDEN: HOME[EB/OL].[2010-10-30]. http://www.mit-dresden.de/.

MOREY R M, 1998. Ground penetrating radar for evaluating subsurface conditions for transportation facilities [R]. NCHRP Synthesis 255, Transportation Research Board, Washington D.C.

NAZARIAN S, YUAN D, TANDON V, 1999. Structural field testing of flexible layers with seismic methods for quality control[J]. Transportation Research Record: Journal of the Transportation Research Board, 1654(1): 50-60.

NEWNHAM L, GOODIER A, 2000. Using neural networks to interpret sub-surface radar imagery of reinforced concrete[C]. Proc. of GPR 2000, University of Queensland, Australia.

NORTON M P, KARCZUB D G, 2003. Fundamentals of noise and vibration analysis for engineers[M]. Cambridge University Press.

OLHOEFT G R, SMITH III S S, 2000. Automatic processing and modeling of GPR data for pavement thickness and properties[C]. Proc. of the 8th International Conference on Ground Penetrating Radar, Gold Coast, Australia,188-193.

PELLINEN T K, WITCZAK M W, 2002. Use of stiffness of hot-mix asphalt as a simple performance test[J]. Transportation Research Record: Journal of the Transportation Research Board, 1789: 80-90.

ROMERO P, KUHNOW F, 2002. Evaluation of new non-nuclear pavement density gauges with data from field projects[J]. Transportation Research Record: Journal of the Transportation Research Board, 1813: 47-54.

RHAZI J, DOUS O, BALLIVY G, et al. 2003. Non destructive health evaluation of concrete bridge decks by GPR and half cell potential techniques[C]. International Symposium on Non-Destructive Testing in Civil Engineering, Berlin, Germany.

ROBERTS F L, KANDHAL P S, BROWN E R, et al. 1996. Hot Mix Asphalt Materials, Mixture Design, and Construction[R]. National Asphalt Paving Association Education Foundation. Lanham, MD.

SAARENKETO T, 1997. Using ground-penetrating radar and dielectric probe measurements in pavement density quality control[J]. Transportation Research Record: Journal of the Transportation Research Board, 1575: 34-41.

SAARENKETO T, SCULLION T, 1994. Ground Penetrating Radar Applications on Roads and Highways[R], Research Report, Texas Transportation Institute, College Station, TX.

SAARENKETO T, SCULLION T, 2000. Road evaluation with ground penetrating radar[J]. Journal of Applied Geophysics, 43(2-4): 119-138.

SCHNEIDER W A, 1984. The common depth point stack[C]. Proceedings of the IEEE, 72(10): 1238-1254.

SEBESTA S, SCULLION T, 2002. Application of infrared imaging and ground-penetrating radar for detecting segregation in hot-mix asphalt overlays[J], Transportation Research

Record: Journal of the Transportation Research Board, 1861: 37-43.

SHANG J Q, UMANA J A, 1999. Dielectric constant and relaxation time of asphalt pavement materials[J]. Journal of Infrastructure Systems, 5(4): 135-142.

SHANG J Q, 2002. Effects of asphalt pavement properties on complex permittivity [J]. International Journal of Pavement Engineering, 3(4): 217-226.

SHANGGUAN P, AL-QADI I L, LENG Z, et al., 2013. Innovative approach for asphalt pavement compaction monitoring with ground-penetrating radar [J]. Transportation Research Record: Journal of the Transportation Research Board, 2347(1): 79-87.

SHANGGUAN P, AL-QADI I L, LAHOUAR S, 2014. Pattern recognition algorithms for density estimation of asphalt pavement during compaction: a simulation study[J]. Journal of Applied Geophysics, 107: 8-15.

SHANGGUAN P, AL-QADI I L, COENEN A, et al. 2016. Algorithm development for the application of ground-penetrating radar on asphalt pavement compaction monitoring[J]. International Journal of Pavement Engineering, 17(3): 189-200.

SHAW M R, MOLYNEAUX T C K, MILLARD S G, et al. 1998. Automatic analysis of GPR scans on concrete structures[C]. Proceedings of GPR 98, University of Kansas, USA, 449-454.

SIHVOLA A, LINDELL I V, 1989. Polarizability and effective permittivity of layered and continuously inhomogeneous dielectric spheres[J]. Journal of Electromagnetic Waves Application, 3(1): 37-60.

SIHVOLA A, 1989. Self-consistency aspects of dielectric mixing theories[J]. IEEE Transactions on Geoscience and Remote Sensing, 27(4): 403-415.

SILVAST M, 2001. Air void content measurement using GPR technology at Helsinki-Vantaa Airport, Runway No. 3[R]. Roadscanners, Finland.

STEINWAY W J, ECHARD J D, LUKE C M, 1981. Locating voids beneath pavement using pulsed electromagnetic waves[R]. NCHRP Report 237, National Cooperative Highway Research Program, Transportation Research Board, Washington DC, USA.

STUTZMAN W L, THIELE G A, 2012. Antenna theory and design[M]. John Wiley & Sons. New York.

TAYABJI S D, LUKANEN E O, 2000. Nondestructive testing of pavements and backcalculation of moduli: third volume[M]. ASTM, West Conshohocken, PA.

UK DEPARTMENT OF TRANSPORT, 2001. Design manual for roads and bridges-Volume 7, Section 3, Part 2: HD29/94 structural assessment methods, Chapter

6 Ground Radar[S].The Stationary Office, London, UK.

VAN, T, 2008. Rolling wheel deflectometer: a high-speed deflection device to improve asset management [R]. Focus, Federal Highway Administration. Washington, D.C.

VON QUINTUS H L, 2009. NDT technology for quality assurance of HMA pavement construction[R]. Transportation Research Board, Washington, D.C.

WANG S, ZHAO S, AL-QADI I L, 2018. Continuous real-time monitoring of flexible pavement layer density and thickness using ground penetrating radar[J]. NDT & E International, 100: 48-54.

WANG S, ZHAO S, AL-QADI I L, 2019a. Real-time monitoring of asphalt concrete pavement density during construction using ground penetrating radar: theory to practice [J]. Transportation Research Record: Journal of the Transportation Research Board, 2673(5): 329-338.

WANG S, ZHAO S, AL-QADI I L, 2019 b. Real-time density and thickness estimation of thin asphalt pavement overlay during compaction using ground penetrating radar data[J]. Surveys in Geophysics, 41: 431-445.

WANG S, AL-QADI I L, CAO Q, 2020. Factors impacting monitoring asphalt pavement density by ground penetrating radar[J]. NDT & E International: 102296.

WARREN C, GIANNOPOULOS A, GIANNAKIS I, 2016. GprMax: open source software to simulate electromagnetic wave propagation for ground penetrating radar [J]. Computer Physics Communications 209: 163-70.

WASHINGTON STATE DEPARTMENT OF TRASNPORTATION [EB/OL]. [2010-11-22]. http://training.ce.washington.edu/WSDOT/.

WELLS A K, LYTTON R L, 2001. Ground penetrating radar for measuring pavement layer composition and void detection[C]. Second International Symposium on Maintenance and Rehabilitation of Pavements and Technological Control, Auburn, Alabama, USA.

WIKIPEDIA: EM SPECTRUM[EB/OL]. [2010-10-30]. http://en.wikipedia.org/wiki/File:EM_spectrum.svg.

YEE K, 1966. Numerical solution of initial boundary value problems involving Maxwell's equations in isotropic media[J]. IEEE Transactions on Antennas and Propagation, 14(3): 302-307.

ZHAO S, AL-QADI I L, 2019. Algorithm development for real-time thin asphalt concrete overlay compaction monitoring using ground-penetrating radar[J]. NDT & E International, 104: 114-123.

附录 A　试验场混合料设计信息

A.1　石灰岩中面层混合料

DATE: 15-Oct-2008

SEQ NO:

Bituminous Mixture Design

Design Number:-----> 85BIT0000

Lab preparing the design?(PP,PL,IL ect.) PP

Producer Name & Number> 6437-01 Open Road Asphalt Fairmount, IL

Material Code Number---> 18612 BIT BASE TYB AERO TONS

Agg No.	#1	#2	#3	#4	#5	#6	ASPHALT
	Required!		FA20/21			RAP in #6	
Size (e.g. 032CAM16)	042CMM11	032CMM16	039FAM20	037FAM02	004MFM01		10127
Source (PROD#)	MATL SERV	MATL SERV	52100-32	52100-32	51352-04		2250-03
(NAME)	51832-01	51832-01	INTER S&G	INTER S&G	MaterialService		EMLSCT
(LOC)	FAIRMOUNT	FAIRMOUNT	WEST LEB, IN	WEST LEB, IN	Nokomis, IL		URBANA
					RAP in Mix:		
Aggregate Blend	38.0	22.0	14.6	22.0	3.4		100.0

Agg No. Sieve Size	#1	#2	#3	#4	#5	#6	Blend	Sieve Size	Mixture Composition Specification	Formula	Formula Range Min	Formula Range Max
1	100.0	100.0	100.0	100.0	100.0	100.0	100.0	1		100	100	100
3/4	95.9	100.0	100.0	100.0	100.0	100.0	98.4	3/4		98	98	98
1/2	40.0	100.0	100.0	100.0	100.0	100.0	77.2	1/2		77	77	77
3/8	13.3	98.1	100.0	100.0	100.0	100.0	66.6	3/8		67	67	67
#4	3.3	29.3	99.9	99.5	100.0	100.0	47.6	#4		48	41	55
#8	2.5	4.3	79.0	92.3	100.0	100.0	37.1	#8		37	32	42
#16	2.2	3.2	51.3	66.7	100.0	100.0	27.1	#16		27	22	32
#30	2.0	2.8	30.9	34.2	100.0	100.0	16.8	#30		17	13	21
#50	1.9	2.5	18.5	9.7	100.0	100.0	9.5	#50		10	10	10
#100	1.7	2.3	9.0	2.8	95.0	100.0	6.3	#100		6	4	8
#200	1.5	2.1	4.4	2.0	85.0	100.0	5.0	#200		5.0	3.0	7.0

							Blended SpGr	Dust AC Ratio
Bulk Sp Gr	2.617	2.603	2.588	2.579	2.800	1.000	2.607	
Apparent Sp Gr	1.000	1.000	1.000	1.000	1.000	1.000		
Absorption, %	1.20	1.60	2.20	1.70	1.00	1.00	1.000	
					SP GR AC		1.03	0.98

BITUMINOUS MIXTURE AGED HOW LONG? 1.0 HOURS @ 295.0 F

SUMMARY OF SUPERPAVE GYRATORY TEST DATA

	N-initial 10				N-design 40			
PB:	4.5	5	5.5	6	4.5	5	5.5	6
Gmb (corr):	2.283	2.303	2.316	2.317	2.392	2.415	2.427	2.428
Gmm:	2.492	2.472	2.452	2.431	2.492	2.472	2.452	2.431
Pa:	8.4	6.8	5.6	4.7	4.0	2.3	1.0	0.1
VMA:	16.4	16.1	16.0	16.5	12.4	12.0	12.0	12.5
FIELD VMA:	18.4	18.0	17.9	18.2	14.5	14.0	14.0	14.3
VFA:	48.8	57.4	65.4	71.5	67.6	80.7	91.4	98.9
Vbe:	8.0	9.2	10.5	11.8	8.4	9.7	11.0	12.3
Pbe:	3.6	4.1	4.7	5.2	3.6	4.1	4.7	5.2
Gse:	2.671	2.669	2.667	2.662	2.671	2.669	2.667	2.662
Pba:	0.9	0.9	0.9	0.8	0.9	0.9	0.9	0.8

Slope: 7.5

NUMBER OF REVOLUTIONS: 40

	% AC	Gmm	Gmb	% Voids Pa	VMA	Design Field VMA	VFA	Gse	Gsb
OPTIMUM DESIGN DATA:	5.1	2.467	2.418	2.0	12.0	14.0	83.3	2.668	2.607

REMARKS:

A.2 石灰岩上面层混合料

DATE: 15-Oct-2008

SEQ NO:

Bituminous Mixture Design

Design Number:-----> 85BIT0001

Lab preparing the design?(PP,PL,IL ect.) PP

Producer Name & Number> 6437-01 Open Road Asphalt Fairmount, IL

Material Code Number---> 18712 BIT SUR TYB AERO TONS

	Required!		FA20/21			RAP in #6	
Agg No.	#1	#2	#3	#4	#5	#6	ASPHALT
Size (e.g. 032CAM16)	032CMM16		039FAM20	037FAM02	004MFM01		10127
Source (PROD#)	MATL SERV		52100-32	52100-32	51352-04		2200-03
(NAME)	51832-01		INTER S&G	INTER S&G	MaterialService		ENLSCT
(LOC)	FAIRMOUNT		WEST LEB, IN	WEST LEB, IN	Nokomis, IL		URBANA
					RAP in Mix:		
Aggregate Blend	58.0		12.0	25.6	4.4		100.0

Agg No. / Sieve Size	#1	#2	#3	#4	#5	#6	Blend	Sieve Size
1	100.0	100.0	100.0	100.0	100.0	100.0	100.0	1
3/4	100.0	100.0	100.0	100.0	100.0	100.0	100.0	3/4
1/2	100.0	100.0	100.0	100.0	100.0	100.0	100.0	1/2
3/8	98.1	100.0	100.0	100.0	100.0	100.0	98.9	3/8
#4	29.3	100.0	99.9	99.5	100.0	100.0	58.9	#4
#8	4.3	100.0	79.0	92.3	100.0	100.0	40.0	#8
#16	3.2	100.0	51.3	66.7	100.0	100.0	29.5	#16
#30	2.8	100.0	30.9	34.2	100.0	100.0	18.5	#30
#50	2.5	100.0	18.5	9.7	100.0	100.0	10.6	#50
#100	2.3	100.0	9.0	2.8	95.0	100.0	7.3	#100
#200	2.1	100.0	4.4	2.0	85.0	100.0	6.0	#200

Mixture Composition Specification	Formula	Formula Range Min	Formula Range Max
	100	100	100
	100	100	100
	100	100	100
	99	99	99
	59	52	66
	40	35	45
	29	24	34
	18	14	22
	11	11	11
	7	5	9
	6.0	4.0	8.0

	#1	#2	#3	#4	#5	#6	Blended SpGr	
Bulk Sp Gr	2.603	1.000	2.588	2.579	2.800	1.000	2.603	
Apparent Sp Gr	1.000	1.000	1.000	1.000	1.000	1.000		Dust AC
Absorption, %	1.60	1.00	2.20	1.70	1.00	1.00	1.000	Ratio
					SP GR AC		1.03	1.00

BITUMINOUS MIXTURE AGED HOW LONG? 1.0 HOURS @ 295.0 F

SUMMARY OF SUPERPAVE GYRATORY TEST DATA

	N-initial 10				N-design 40			
PB:	5.5	6	6.5	7	5.5	6	6.5	7
Gmb (corr):	2.222	2.248	2.243	2.249	2.356	2.381	2.382	2.386
Gmm:	2.445	2.431	2.405	2.397	2.445	2.431	2.405	2.397
Pa:	9.1	7.5	6.7	6.2	3.6	2.0	1.0	0.4
VMA:	19.3	18.8	19.4	19.6	14.5	14.0	14.4	14.8
FIELD VMA:	21.0	20.6	20.9	21.5	16.2	15.9	16.0	16.7
VFA:	52.9	60.1	65.3	68.6	74.9	85.4	93.3	97.0
Vbe:	10.2	11.3	12.7	13.5	10.8	12.0	13.5	14.3
Pbe:	4.7	5.2	5.8	6.2	4.7	5.2	5.8	6.2
Gse:	2.657	2.662	2.651	2.663	2.657	2.662	2.651	2.663
Pba:	0.8	0.9	0.7	0.9	0.8	0.9	0.7	0.9

Slope: 9.1

NUMBER OF REVOLUTIONS: 40

	% AC	Gmm	Gmb	% Voids Pa	VMA	Design Field VMA	VFA	Gse	Gsb
OPTIMUM DESIGN DATA:	6.0	2.430	2.381	2.0	14.0	15.9	85.7	2.661	2.603

REMARKS:

A.3 花岗岩上面层混合料

DATE: 15-Oct-2008

SEQ NO:

Bituminous Mixture Design

Design Number:-----> 85BIT9998

Lab preparing the design?(PP,PL,IL ect.) PP

Producer Name & Number> 6437-01 Open Road Asphalt

Material Code Number---> 18712 BIT SUR TYB AERO TONS

	Required!		FA20/21			RAP in #6	
Agg No.	#1	#2	#3	#4	#5	#6	ASPHALT
Size (e.g. 032CAM16)	031CMM16		039FAM20	037FAM02	004MFM01		10127
Source (PROD#)	52100-32		52100-32	52100-32	51352-04		2669-03
(NAME)	Interstate S&G		Interstate S&G	Interstate S&G	Material Service		Emulsicoat
(LOC)	W Leb, IN		W Leb, IN	W Leb, IN	Nokomis, IL		Fairmount, IL
					RAP in Mix:		
Aggregate Blend	55.0		12.0	28.0	5.0		100.0

Agg No. / Sieve Size	#1	#2	#3	#4	#5	#6	Blend	Sieve Size	Mixture Composition Specification Formula	Formula Range Min	Formula Range Max
1	100.0	100.0	100.0	100.0	100.0	100.0	100.0	1	100	100	100
3/4	100.0	100.0	100.0	100.0	100.0	99.4	100.0	3/4	100	100	100
1/2	100.0	100.0	100.0	100.0	100.0	93.6	100.0	1/2	100	100	100
3/8	94.8	100.0	100.0	100.0	100.0	89.3	97.1	3/8	97	97	97
#4	24.0	100.0	99.9	99.5	100.0	61.6	58.0	#4	58	51	65
#8	2.6	100.0	79.0	92.3	100.0	41.8	41.8	#8	42	37	47
#16	1.7	100.0	51.3	66.7	100.0	30.9	30.8	#16	31	26	36
#30	1.3	100.0	30.9	34.2	100.0	22.6	19.0	#30	19	15	23
#50	1.2	100.0	18.5	9.7	100.0	16.2	10.6	#50	11	11	11
#100	1.1	100.0	9.0	2.8	95.0	12.0	7.2	#100	7	5	9
#200	0.9	100.0	4.4	2.0	85.0	9.5	5.8	#200	5.8	3.8	7.8

	#1	#2	#3	#4	#5	#6	Blended SpGr	Dust AC Ratio
Bulk Sp Gr	2.671	1.000	2.588	2.579	2.800	2.630	2.641	
Apparent Sp Gr	1.000	1.000	1.000	1.000	1.000	1.000		
Absorption, %	1.50	1.00	2.20	1.70	1.00	1.00	1.000	
					SP GR AC		1.03	1.07

BITUMINOUS MIXTURE AGED HOW LONG? HOURS @ C

SUMMARY OF SUPERPAVE GYRATORY TEST DATA

	N-initial 10				N-design 40			
PB:	5	5.5	6	6.5	5	5.5	6	6.5
Gmb (corr):	2.208	2.308	2.311	2.307	2.405	2.419	2.419	2.426
Gmm:	2.482	2.464	2.446	2.426	2.482	2.464	2.446	2.426
Pa:	11.0	6.3	5.5	4.9	3.1	1.8	1.1	0.0
VMA:	20.6	17.4	17.7	18.3	13.5	13.4	13.9	14.1
FIELD VMA:	21.7	18.7	19.0	19.5	14.8	14.8	15.2	15.3
VFA:	46.4	63.5	68.9	73.2	77.1	86.3	92.1	99.9
Vbe:	9.5	11.1	12.2	13.4	10.4	11.6	12.8	14.1
Pbe:	4.4	4.9	5.4	6.0	4.4	4.9	5.4	6.0
Gse:	2.680	2.682	2.681	2.678	2.680	2.682	2.681	2.679
Pba:	0.6	0.6	0.6	0.6	0.6	0.6	0.6	0.6

Slope: 7.5

NUMBER OF REVOLUTIONS: 40

	% AC	Gmm	Gmb	% Voids Pa	VMA	Design Field VMA	VFA	Gse	Gsb
OPTIMUM DESIGN DATA:	5.4	2.466	2.417	2.0	13.4	14.8	85.1	2.682	2.641

REMARKS:

附录 B 试验场混合料温度检测数据

B.1 试验道Ⅰ(A)

温度/°F		摊铺机	压实前	1 次压实	2 次压实	3 次压实	最终压实
摊铺 1	位置 1	300	220	200	190	160	158
	位置 2		217	198	189	170	160
	位置 3		216	200	190	170	
	位置 4		213	198			160
摊铺 2	位置 2	300	300	260	210	200	185
	位置 3		295	250	220	200	180
	位置 4		270	230	215	195	175
摊铺 3	位置 3	304	270	220	205	200	
	位置 4		265	225	210	200	
摊铺 4	位置 4	320	310	230	185	165	160

B.2 试验道Ⅰ(B)至Ⅴ

温度/°F		摊铺机	压实前	1 次压实	2 次压实	3 次压实	最终压实
试验道Ⅰ(B)	位置 1	293	278	250	210	205	
	位置 2		260	245	235	180	
	位置 3		235	223	210		200
	位置 4		220	212	190		170
试验道Ⅱ	位置 1	285	260	245	210	203	170
	位置 2		250	240	210	205	171
	位置 3		250	240	220		187
	位置 4		235	230	220		180

（续表）

温度/℉		摊铺机	压实前	1次压实	2次压实	3次压实	最终压实
试验道Ⅲ	位置1	300	264	245	220		180
	位置2		261	247	220		182
	位置3		238	220	205		178
	位置4		234	215	206		180
试验道Ⅳ	位置1	292	260	240	222		175
	位置2		250	240	220		180
	位置3		235	212	201		176
	位置4		220	200	190		180
试验道Ⅴ	位置1	288	245	220			188
	位置2		245	218			188
	位置3		230	215			192
	位置4		240	220			197

附录C 服役路面混合料的集料类型

C.1 新建路面混合料的集料

集料编号		039CM13	032CM16	038FM20	037FM02	004MF01	032CM13	Scalped 032CM13	Scalped FM22
集料种类		钢渣	白云石	白云石	天然砂	矿粉	石英岩	石英岩	白云石
级配配比/%	石英岩混合料	—	17.8	45.4	17.9	1.1	17.8	—	—
	4.75 mm SMA	—	—	12.4	—	8.2	—	39.7	39.7
	碎石混合料	—	35.7	43.9	19.8	0.6	—	—	—
	钢渣纤维混合料	20.3	16.3	44.0	17.5	1.9	—	—	—

C.2 对照组路面混合料的集料

集料编号		039CM13	032CM16	038FM20	037FM02	004MF01	017CM13	039CM11
集料种类		钢渣	白云石	白云石	天然砂	矿粉	RAP	白云石
百分比/%	抗滑混合料	35.7	26.0	19.5	7.8	1.0	10.0	—
	12.5 mm SMA	57.0	—	9.0	—	7.0	—	27.0

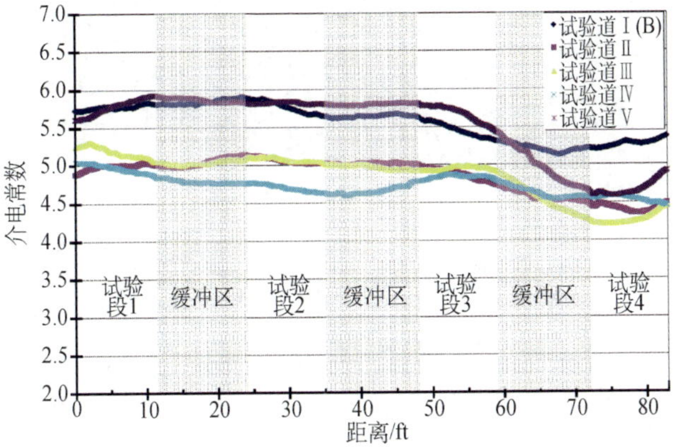

图 3-25

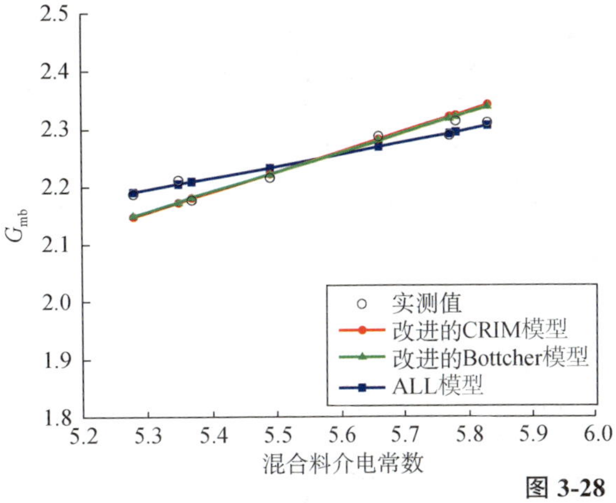

图 3-28

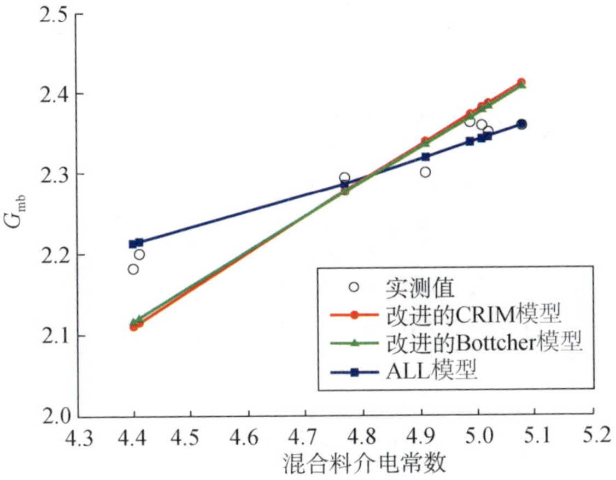

图 3-29

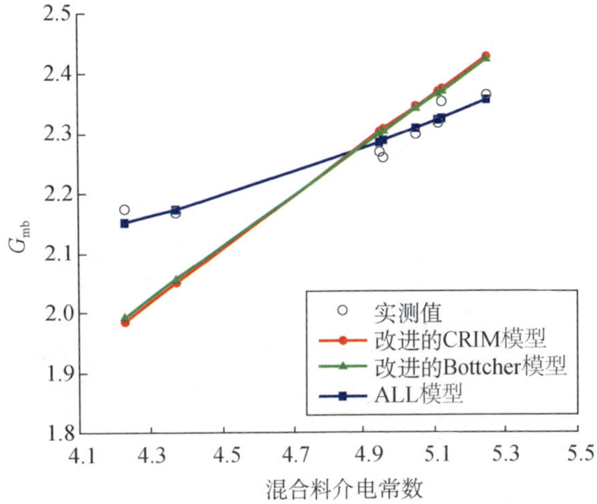

图 3-30

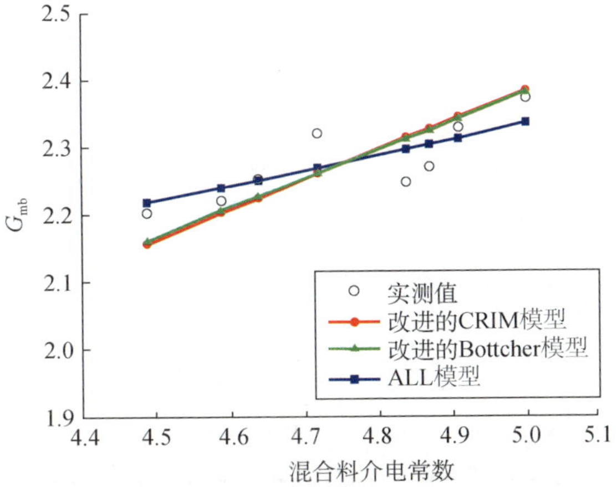

图 3-31

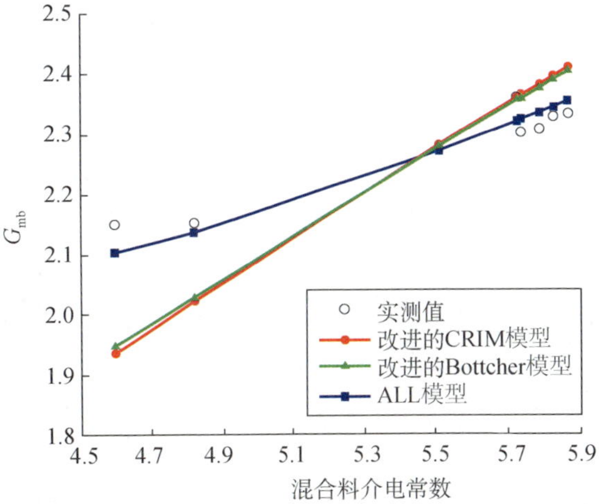

图 3-32

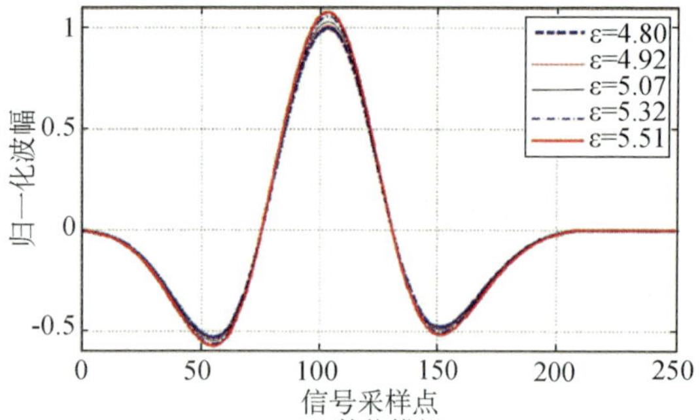

(a) 数值模拟

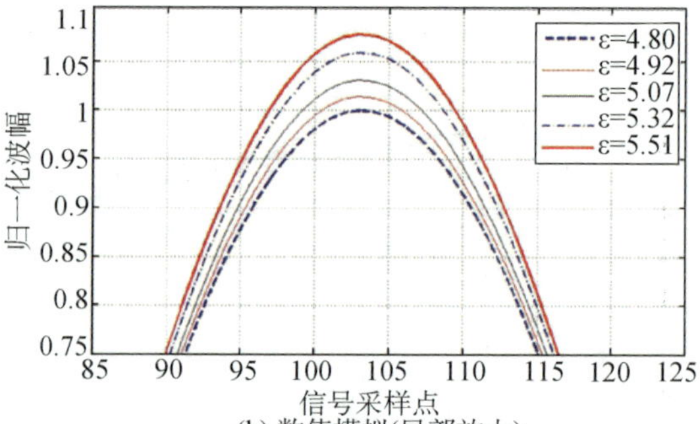

(b) 数值模拟(局部放大)

图 4-4

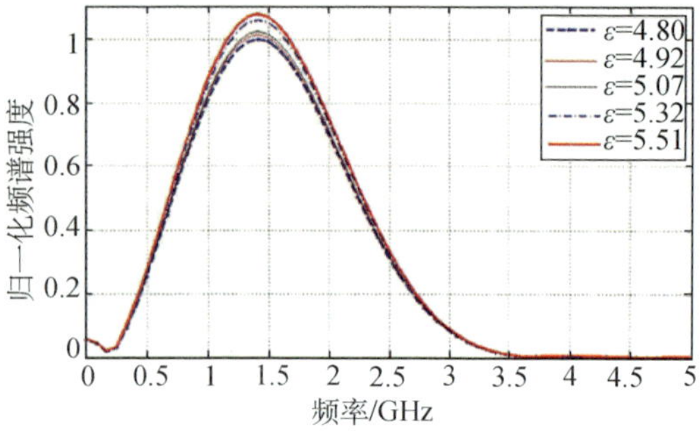

(a) 数值模拟结果

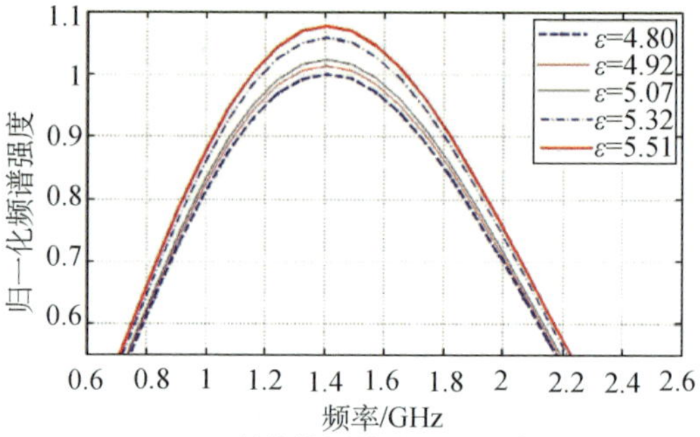

(b) 数值模拟结果(局部放大)

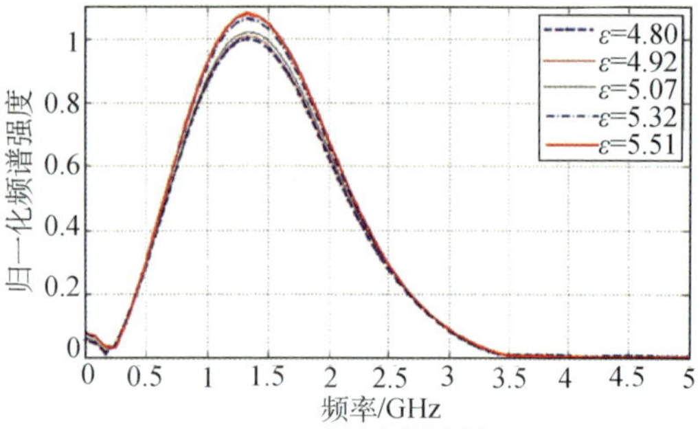

(c) 现场实测结果

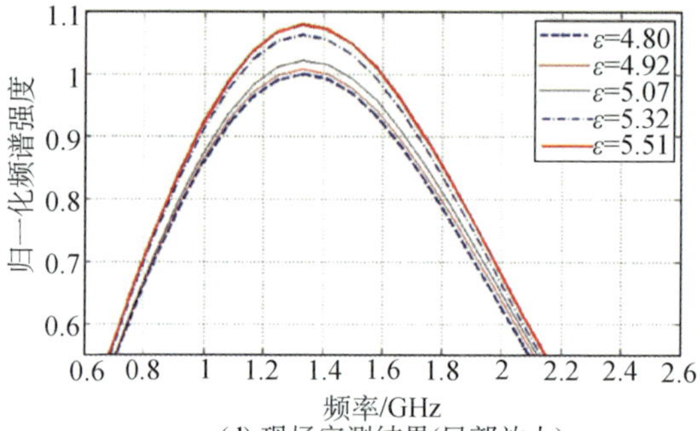

(d) 现场实测结果(局部放大)

图 4-5

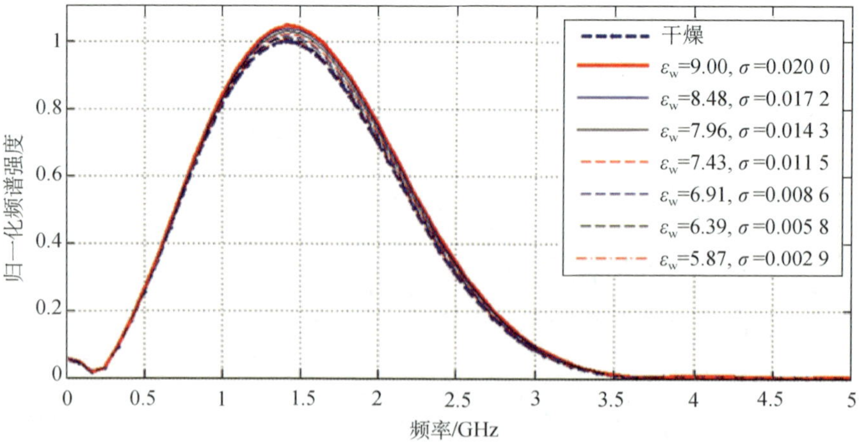

(a) 数值模拟结果

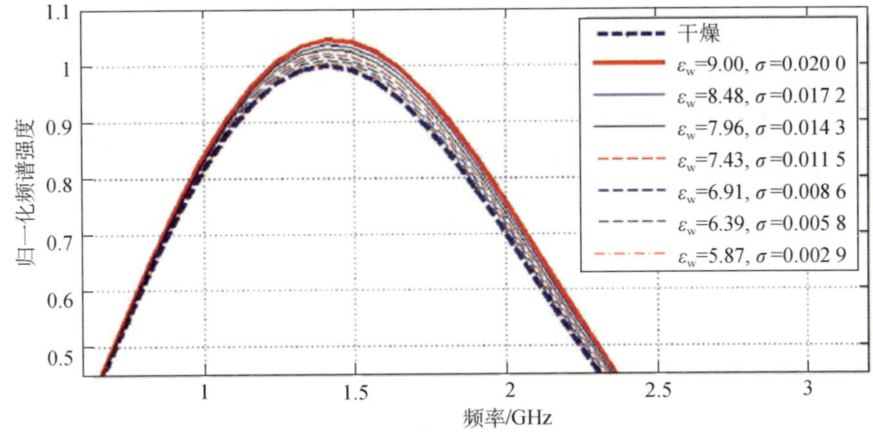

(b) 数值模拟 (局部放大) 结果

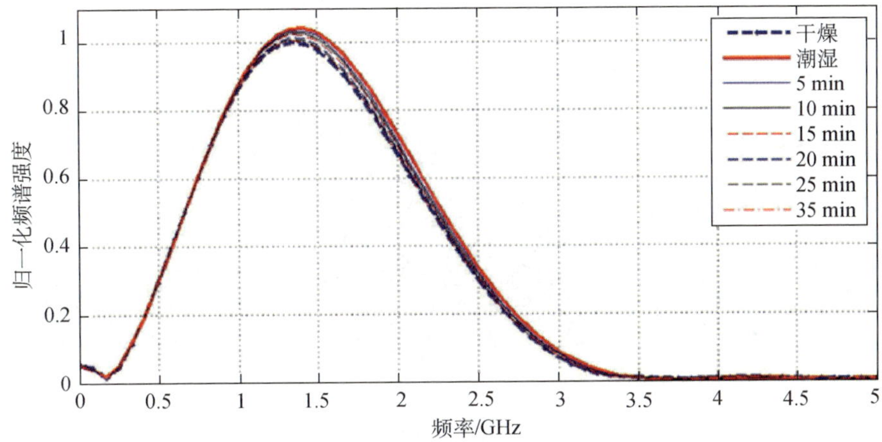

(c) 实验室控制试验结果

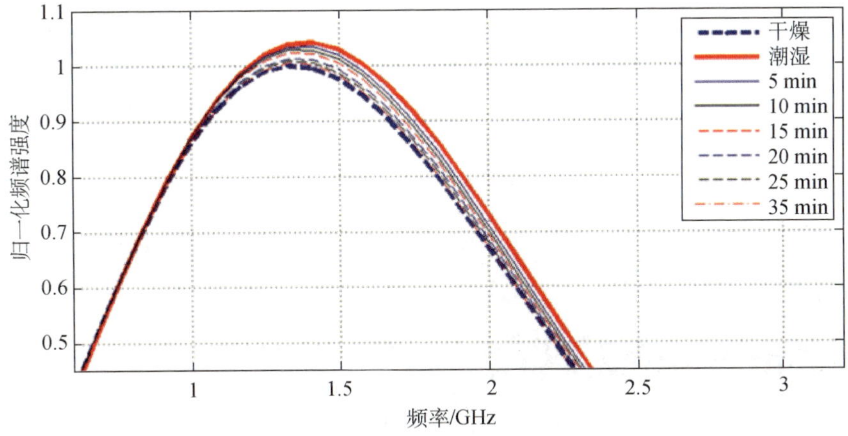

(d) 实验室控制试验 (局部放大) 结果

图 4-8

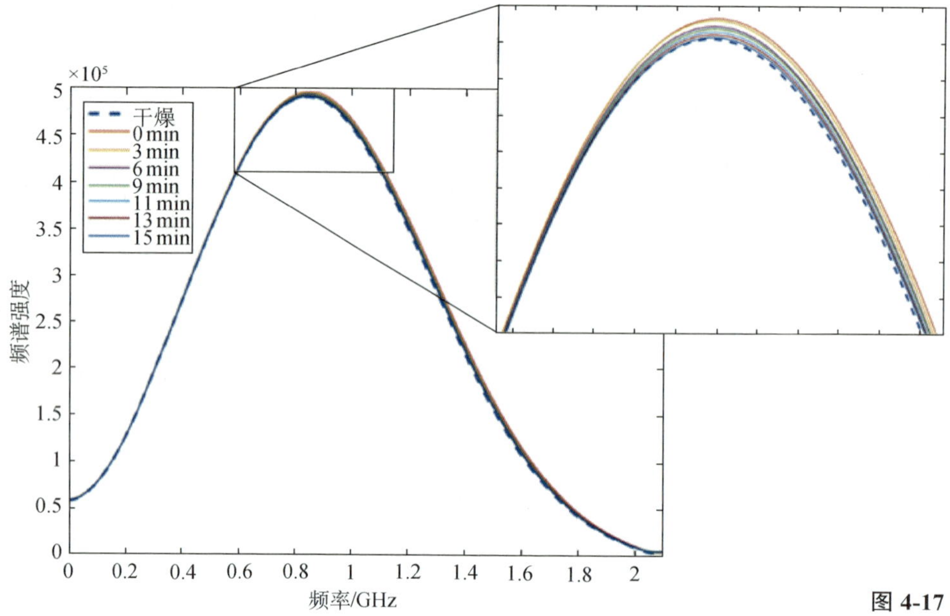

图 4-17

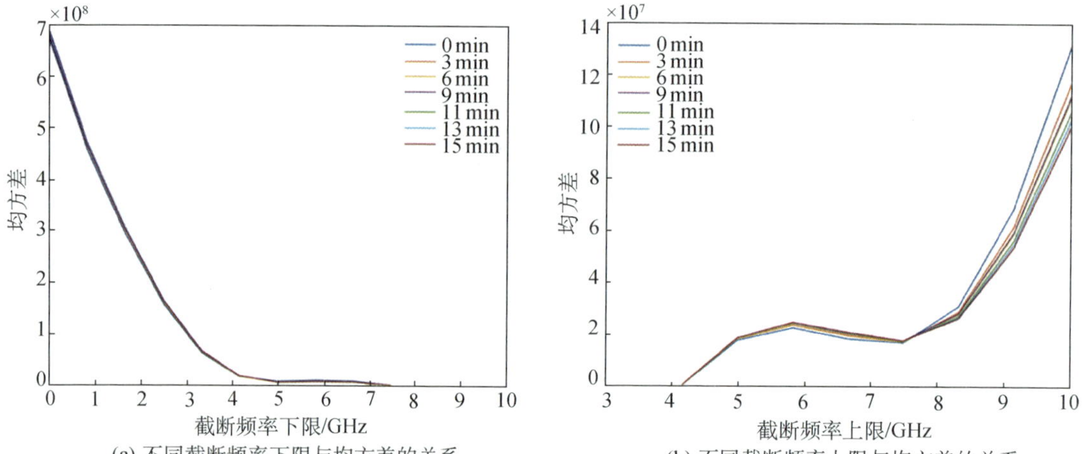

(a) 不同截断频率下限与均方差的关系

(b) 不同截断频率上限与均方差的关系

图 4-18

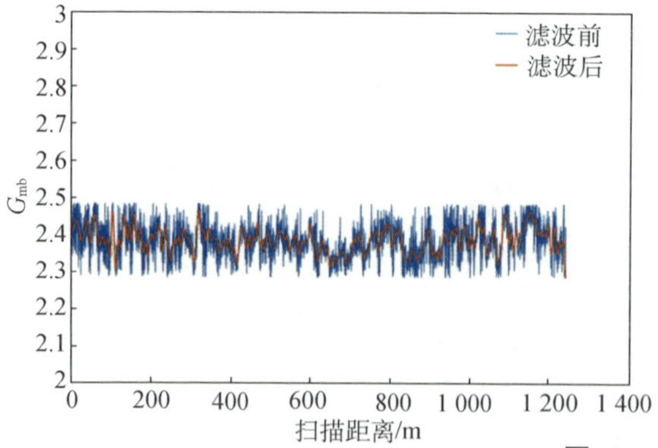

图 5-10